# Frases con alma de niño.

17 temas de la vida de los que tenemos que hablar

BEQUER CHOCOOJ

# DEDICATORIA

**A Eleonora.**

Un Ser de Luz que el Universo permitió que llegará a mi vida y que me ha acompañado y guiado en la realización de un viaje interno, sanador y de reencuentro conmigo mismo.

# Tabla de contenido

# Introducción

Jesús de Nazaret, el Maestro de Maestros dijo que el reino de los cielos es de los niños y que para entrar a dicho reino hay que hacerlo siendo como niño. Creo que esa fue una forma poderosa de animarnos a ir al reencuentro de nosotros mismos, a escudriñarnos y a conectar con nuestra esencia y con la versión más genuina de cada uno de nosotros: aquella que irradiamos en nuestros primeros años de vida.

En mi estupidez humana yo pasé más de tres décadas de mi vida huyendo de ese niño que vive en mí, negándolo e incluso rechazándole. No me había dado cuenta que reencontrarme con ese niño era un paso fundamental para sanar y reencontrarme con la esencia de lo que soy. Es muy doloroso vivir siendo quien no eres y a la vez esforzándote por huir de lo que crees que es una pesadilla, pero que en realidad es el regalo más hermoso que te ha dado la Divinidad: Ser la persona que eres. Volver a nosotros y reencontrarnos con ese niño que todos llevamos dentro es el mejor acto de amor que podemos hacer por nosotros mismos, pero también por todos aquellos a quienes queremos y están a nuestro alrededor.

Un buen día, en un acto de amor propio, tomé la decisión más importante de mi vida: reencontrarme conmigo mismo y sanar todo aquello que había que sanar, para poder vivir feliz y con sentido en el presente. Desde aquel día, llevo ya varios años realizando un viaje de sanación, en el que he contado con el apoyo y guía de una terapeuta de la mente, de un Ser de Luz que el Universo permitió e hizo posible que llegara a mi vida y a quien está dedicada esta obra. En todos estos años, entre otras acciones, he hecho regresiones, retiros espirituales, sesiones periódicas con mi terapeuta de la mente, cambio de hábitos alimentarios, ajuste en mi agenda diaria, viajes periódicos en solitario para estar en contacto conmigo y con la naturaleza, depuración de mi "círculo de amigos", participación en cursos alejados de mi carrera como profesional de las ciencias sociales, tales como la panadería y pastelería, que me han acercado al maravilloso mundo de la cocina y que, además, han traído una nueva energía y personas a mi alrededor. En fin, han ocurrido importantes cambios en mi vida, que a su vez me han permitido avanzar y mejorar en varios aspectos: profesional, académico, físico, espiritual, emocional, económico, entre otros.

En todo este proceso sanador, sin duda ha estado presente la búsqueda de un equilibrio entre cuerpo, mente y espíritu. Evidentemente, en un viaje de sanación personal, es natural que busquemos respuestas a preguntas como estas: ¿Quién soy? ¿A qué vine a este mundo? ¿Cuál es mi propósito y misión de vida? ¿Cuáles son mis talentos? ¿Qué ha sido de mí y de mi vida? En resumen, estas son apenas algunas de las preguntas existenciales que la mayoría de seres humanos solemos hacernos en algún momento de nuestras vidas. Es posible que cuando llegue el momento de hacernos esas preguntas nos encontremos en el mejor punto de nuestras carreras y aún así nos sentimos vacíos o, bien, podemos estar en una etapa difícil, de dolor, que al final se convierte en el detonante de la búsqueda de la felicidad personal.

La llamada para buscar las respuestas a mis preguntas existenciales llegó hace poco más de media década. Ha sido un período de sanación que ha marcado un cambio profundo dentro de mí. Fue así como, hace algunos años, el Universo confabuló para que pudiera asistir a un retiro espiritual que fue facilitado por un sacerdote jesuita y el cual se realizó teniendo de fondo el lago más bello del mundo y al que te invito a que visites en mi país: *Atitlán*, ubicado en el departamento de Sololá, que a su vez forma parte del territorio del mágico, cósmico y vibrante Altiplano Occidental de Guatemala. Hago referencia a este retiro espiritual porque dentro de la metodología utilizada se incluía la revisión de cómo andaba mi vida y hacia dónde iba. En medio de ello, a mí y a los demás participantes se nos invitaba, entre otros aspectos de nuestro examen interno, a identificar nuestros talentos, las barreras para alcanzar nuestro máximo potencial y la posibilidad de escribir un proyecto de vida.

En el cuaderno de notas que utilicé en aquella oportunidad escribí que me encontraba en un momento de inflexión, de descubrimiento y averiguación de mi propósito de vida y del plan de la Divinidad para conmigo. Era una etapa en la que había empezado a hacer la paz conmigo mismo, soltando cualquier tipo de dolor, culpa, rencor, vergüenza, miedos, en general, cualquier aspecto que me hiciera vibrar bajo y que fuera una barrera para no alcanzar mi máximo potencial. Eran los primeros años del inicio de una nueva etapa de mi vida, en la que me acepto y respeto tal cual soy y en la que buscaba, activamente, apagar la voz del verdugo interno que vivía dentro de mí. Parte del fruto de aquel retiro espiritual al que hice referencia fue escribir el proyecto de vida que se nos solicitaba completar. Y parte de ese proyecto es escribir y compartir un mensaje de amor, luz, esperanza y optimismo para aquellos que, como yo, están o han pasado por momentos de oscuridad, dolor y vacío existencial.

Y como nada es casual en nuestras vidas, el Universo siguió confabulando para encaminarme en cumplir el propósito de escribir mensajes y pensamientos de amor y esperanza. De esta forma, por casi dos años he venido publicando, diariamente, un mensaje, un pensamiento o reflexión sobre diferentes temas de la vida. Estas frases y pensamientos se fueron publicando, principalmente en mis redes sociales, de una forma espontánea y sin seguir un orden de temas preestablecido. Sin embargo, luego de transcurrido este período y siguiendo el consejo de mi terapeuta de la mente, inicié la organización y selección de aquellas frases y pensamientos. El resultado es este texto que tienes frente a tus ojos. Un texto que espero contribuya a tu vida y que pueda serte de utilidad en el proceso de despertar a ser el Ser de Luz que eres y que tienes dentro de ti.

*Frases con alma de niño*, es un texto que ha sido escrito desde la parte más sensible de mi ser: desde mi niño interior. Los psicólogos dicen que el niño interior es la parte más sensible, pero también la más vulnerable de nuestro "yo". Y tienen razón. Cuando nuestro niño interior está dañado, aún de adultos llevamos una vida de dolor y de vacío existencial. Yo mismo he pasado por esa etapa de vacío y de dolor. Y cuando nuestro niño interior está dañado, es fundamental tomarnos un tiempo para sanarlo, con amor y con la convicción de reencontrarnos con nuestra esencia individual.

Este texto, viene escrito desde mi niño interior feliz, auténtico y que ha sido sanado y rescatado. Me he reencontrado con ese niño interior a partir del viaje de introspección y sanación personal que te he mencionado antes y a quien ahora traigo conmigo y le protejo. Porque proteger nuestro niño interior, es proteger nuestra esencia. Al hacerlo, estoy consciente de que estoy haciendo el esfuerzo y la tarea de proteger la parte más sensible de mí.

*Frases con alma de niño*, contiene reflexiones y pensamientos sobre 17 temas de la vida de los que tenemos que hablar en algún momento de nuestra existencia y que están agrupados de la siguiente forma:

| Parte 1 | Parte 2 | Parte 3 | Parte 4 |
|---|---|---|---|
| 1. Abundancia<br>2. Amor<br>3. Perdón<br>4. Dolor<br>5. Liberar lo tóxico<br>6. Vulnerabilidad | 7. Confianza personal<br>8. Responsabilidad propia<br>9. Motivación personal<br>10. Mentalidad positiva | 11. Administración del tiempo<br>12. Liderazgo<br>13. Éxito | 14. Paz personal<br>15. Felicidad personal<br>16. Propósito personal<br>17. Espiritualidad |

Cada uno de los temas tiene unas palabras introductorias, que preparan el terreno para la reflexión individual. Seguidamente, se comparten con el lector una serie de frases que llevan un mensaje de paz, amor y reflexión. En este sentido, la lectura de este texto puedes hacerla de la forma que mejor te convenga, eligiendo el tema y las frases que más resuenen en este momento de tu vida. La intención es que las reflexiones y pensamientos que se comparten puedan ayudarte a tomar consciencia de que el viaje de la vida es más hermoso, cuando hemos aprendido a soltar toda carga emocional negativa, creencias y pensamientos limitantes.

Yo he estado en la oscuridad y sé lo que siente vivir en tinieblas y dolor. Es una zona de la que muchas veces deseamos salir, pero nos resistimos a hacerlo por habernos acostumbrado a vivir en esa oscuridad y a hacer del dolor algo "normal" en nuestras vidas. Todo eso debe de cambiar, hemos venido a este mundo para ser felices, no para sufrir. Y todo eso empieza a cambiar cuando tomamos la decisión de despertar. Todos somos Uno con el Universo y adondequiera que estés, te mando un abrazo con amor y una invitación a caminar el viaje de la felicidad y de la luz personal. ¡Disfruta el viaje y reencuéntrate con tu esencia!

# Parte 1

## Abundancia – merecimiento

Hablar de la abundancia y el merecimiento personal es fascinante. Todos merecemos la abundancia, pero es muy probable que pasen muchos años de nuestra vida, incluso décadas, sin detenernos a tomar consciencia de que somos merecedores de ella. Habiendo nacido y crecido en un ambiente de escasez, para mí era casi imposible percibir y darme cuenta de toda la abundancia que me rodea. Mi mente y mis pensamientos estaban moldeados por ese marco de referencia de escasez en el que había crecido y socializado. Y romper ese patrón no es fácil. Y no es fácil si no estás dispuesto a revisitar tu interior y limpiarte y desprenderte de todas aquellas creencias y pensamientos limitantes.

Hay muchos ejemplos que podría mencionar para ilustrar mejor lo anterior, pero voy a referirme a algo tan mundano como los carros. En mi vida he tenido tres carros o coches, como les denominan en México. Con los ingresos que ganaba en mis primeros años de veinteañero habría podido comprarme un buen carro y desplazarme con más comodidad… pero no lo hice. Continué usando el transporte público -el cual en mi país es de muy mala calidad e inseguro- o pagando taxis. Siguieron pasando los años y seguía sin comprarme un carro. El primer carro que tuve en mi vida llegó a mí por puro accidente. Y llegó por accidente porque me fue entregado en pago de una deuda que un ex colega tenía conmigo. Aquel era un carro usado, viejo y francamente en mal estado, lo que implicó destinar dinero adicional para su reparación. Utilicé aquel vehículo por un tiempo relativamente corto hasta que ya no quise destinar más dinero para repararlo y opté por regalarlo como chatarra.

Mi segundo carro lo compré cuando tenía treinta años. Era un carro más moderno, pero también usado y el cual, frecuentemente, presentaba problemas mecánicos que implicaban fuga de dinero de mi presupuesto. Pasé nueve años gastando dinero en la reparación de ese carro una y otra vez. Hubiese sido mejor desprenderme de aquel coche y comprar algo mejor, evitando así gastar tanto dinero en reparaciones, pero mi mente de escasez no me permitía pensar de esa forma. No era que no tuviese el dinero para comprarme un mejor carro; de hecho, gracias al Universo durante esos años tuve la oportunidad de comprarme no uno, sino varios vehículos de mejor calidad… pero no lo hice.

Mi mente de escasez se imponía una y otra vez. Hasta que un buen día, como parte de mi proceso de sanación interior y con el apoyo de una terapeuta de la mente, iniciamos una larga reflexión sobre el merecimiento y la aceptación de la abundancia a la que todos tenemos derecho por ser hijos de un Dios que es dueño de todo el oro y la plata, de una Divinidad de abundancia. Así, comencé a tomar consciencia de que para empezar a visualizar y sentirnos merecedores de la abundancia es importante tomar consciencia de que la abundancia ya reside en nosotros. Y luego de tomar consciencia nos toca actuar.

En mi caso, junto con las reflexiones sobre el merecimiento y la abundancia, inicié a soltarme y a fluir con el Universo y a realizar acciones concretas, tales como adquirir el tercer vehículo de mi propiedad. Un vehículo en mejores condiciones y que, en términos materiales, también fuera el reflejo de cómo me empezaba a sentir por dentro respecto a la abundancia. También, fui tomando otras decisiones como realizar inversiones en bienes inmuebles y darme la oportunidad de vivir en una mejor vivienda, más amplia y con mayores comodidades. Yo podía pagar todo aquello, pero había un miedo que me detenía: ese miedo era producto de mi mentalidad de escasez. He cambiado mi forma de pensar y estoy seguro que la Divinidad me seguirá enviando más bendiciones y muestras de la abundancia a la que tengo derecho. Tú también puedes acceder a la abundancia. Eres merecedor de lo mejor, solo créelo.

Como mencionaba antes, romper y sacar de lo más profundo de nosotros todas aquellas creencias y pensamientos limitantes y de escasez no es cosa fácil. Por eso creo que la mayoría de programas de lucha contra la pobreza que se implementan en los países "en vías de desarrollo" están destinados al fracaso. Y están destinados al fracaso porque se quedan en el asistencialismo y vuelven más dependientes de la ayuda a las personas que intentan rescatar de la pobreza. Todos esos programas de asistencialismo, aunque puedan servir de un paliativo temporal para muchas personas que necesitan ayuda inmediata, en el largo plazo seguirán fracasando porque no incorporan un componente tan importante como el cambio de mentalidad de las personas de salir de un estado mental de pobreza y escasez hacia un estado mental de abundancia y prosperidad. Es un crimen no incorporar la educación financiera y la importancia de la seguridad financiera en los sistemas educativos. Por eso es nuestra responsabilidad despertar y darnos cuenta de que somos seres que merecemos la abundancia y la prosperidad.

Es usual que la mayoría de personas asocien la abundancia solo al dinero. Y aunque ciertamente tener dinero en abundancia es algo bueno, debemos de tomar consciencia de que la abundancia en nuestra vida tiene muchas formas de expresarse. Por ejemplo, el hecho de vivir este día es ya, en sí, una manifestación de la abundancia que tenemos y que pocas veces nos detenemos a agradecer por ella al Universo. Imagina la abundancia de aire que respiras y que pasa por tus pulmones para tener el aliento de vida, todos los días. Imagina la abundancia de personas, paisajes, situaciones e imágenes que ves todos los días con esos preciosos ojos que tienes; o la abundancia que puedes percibir con tus otros sentidos. Imagina la abundancia de pensamientos e ideas que pasan por tu mente todos los días, que se cuentan por miles. Una de esas ideas que ya ronda por tu mente puede ser el próximo invento que ayude a beneficiar a millones de personas en el planeta y la oportunidad de que tú recibas un pago por esa idea y servicios que puedas proveer. Y qué decir de los billones de células que se estima que tiene nuestro cuerpo. O los miles de millones de neuronas que tiene nuestro cerebro. Nuestro cuerpo, nuestro templo es, justamente, un templo de abundancia. En ti reside el templo principal de tu abundancia.

Tú y yo, somos una manifestación y expresión de la abundancia del Universo; pero también es importante tomar consciencia de que alrededor de nosotros hay muchas otras formas y expresiones de la abundancia. Mira al cielo por la noche, en una noche despejada y veras abundancia de estrellas. Acércate a un río, a un lago o a una laguna y veras abundancia de agua. Millones y millones de gotas de agua que son fuente de vida y abundancia. O acércate a una playa y ve la inmensidad y abundancia del mar. Un mar que, a su vez, tiene una abundancia de vida, de todo tipo de plantas y criaturas acuáticas. O ve y camina por un bosque y observa los cientos y miles de árboles y los millones de hojas que pueden tener en conjunto. Nuestra Madre Tierra, nuestra Madre

Naturaleza es la fuente de innumerables formas de vida y de abundancia.

Todos somos abundancia, somos Uno con ella. Pero puede ocurrir que, en la medida que crecemos, nos volvemos inconscientes de que somos abundancia y que merecemos disfrutarla y sentirnos merecedores de ella. Mientras crecemos, se nos van implantando ideas, creencias y pensamientos limitantes. Es muy probable que, si tenemos ideas, creencias y pensamientos limitantes, es porque crecimos en un ambiente donde hubo algún tipo de escasez. Esas ideas limitantes pueden venir de una persona de tu familia, de tu comunidad, de tu iglesia, de tu escuela, universidad o de cualquiera de los cientos de personas que se cruzarán en tu camino. Pero el hecho de que alguien acepte las ideas limitantes en su vida y para su vida, no significa que tú debas aceptarlas y menos aceptar vivir en la escasez.

Pero como he dicho antes, despertar y darnos cuenta de que somos y merecemos la abundancia no es fácil. Cuando por muchos años hemos sido bombardeados por ideas y creencias limitantes, empezamos a creer que la escasez es "normal", y eso no tiene que ser así. Recuerda, tú y yo somos abundancia, somos merecedores de ella y de disfrutarla. Tú y yo somos la abundancia y tenemos derecho a la abundancia interior, pero también a la exterior y material.

Yo nací en un pueblo con mucha escasez. Aún hoy en día, en mi pueblo de nacimiento viven miles de personas con escasez de todo tipo: de alimentos, salud, educación, tiempo libre, etcétera. Afortunadamente, el Universo y mi madre confabularon para abandonar aquel pueblo y acercarme a nuevos lugares que me permitieron acceder a más y mejores oportunidades. Sin embargo, siendo una familia de seis hijos, la escasez tocaba a la puerta de nuestra casa casi todos los días. Experiencias y situaciones difíciles como esas y que, eventualmente, podemos atravesar en nuestras vidas, dejan una profunda huella e influyen en la forma de cómo vemos la abundancia para nosotros y la de nuestros seres queridos. Tendemos a caer en el conformismo. Y ante eso, nuestra primera tarea es despertar.

Sí, despertar y tomar consciencia de que merecemos la abundancia, de todo tipo: abundancia de salud, abundancia espiritual, abundancia de dinero, abundancia de amistades, abundancia de experiencias gratas y la más hermosa: la abundancia de la vida y del amor pleno. Sentirnos merecedores de la abundancia y de lo mejor que el Universo tiene preparado para nosotros implica despertar… Si has llegado hasta aquí, es porque quieres despertar, quieres tomar consciencia y sentirte merecedor de esa abundancia que ya reside en ti. Dite este mantra todos los días y créelo: YO SOY abundancia.

A continuación, te dejo algunas frases que espero contribuyan a hacerte más consciente del Ser de abundancia que eres y de la que eres merecedor. Recuerda el mantra: YO SOY abundancia.

*Tienes derecho a vivir en abundancia, felicidad y con amor. Despierta, la decisión de alcanzar eso y mucho más está en ti. Mereces todo lo mejor.*

∞∞∞∞

*Tener una mentalidad con limitaciones es algo que se aprende. Para cambiar eso, es necesario desaprender, retar tus creencias limitantes y resetear tu mente. ¡Mereces todo lo mejor, abre tus brazos a la abundancia!*

∞∞∞∞

*Has escuchado esta expresión: "el dinero es malo".
Reta tus creencias y saca esa expresión de tu mente.
Ponte en paz con el dinero y fluye en la abundancia.*

∞∞∞∞

*El agradecimiento es poderoso: haz una lista de 3
cosas, personas o situaciones que llegaron a tu vida
este día y por las que estas agradecido con el Universo.
¡Expande la vibra del agradecimiento!*

∞∞∞∞

*Unos aprecian y otros desprecian lo que tienen.
¡Cuidado! Ser agradecido con lo que tienes hoy es
seguir abriendo la puerta de la abundancia que provee
el Universo.*

∞∞∞∞

*Siéntete merecedor de los grandes regalos del
Universo. Hacia dondequiera que veas hoy, allí veras*

*abundancia, solo abre bien tus ojos y siente merecedor de ella.*

∞∞∞

*Se agradecido con lo que tienes hoy, pero no te conformes solo con eso. ¡Eres hijo de un Universo de abundancia; tienes derecho a la abundancia!*

∞∞∞

*Tú no eres alguien ordinario. Eres una criatura hermosa y creación del Universo y mereces todo lo mejor en tu vida.*

∞∞∞

*El dinero importa. No lo desperdicies. Úsalo, invierte en ti, invierte en hacer realidad tus metas y tus sueños.*

∞∞∞

*Realiza un viaje a tu niñez, adolescencia y juventud y encuentra algún momento o escena en la que alguien* te dijo: "no puedes". Borra esas escenas y toda creencia limitante. Date el permiso de sanar y de sacar de tu mente las limitaciones. ¡Tú y yo merecemos vivir en abundancia!

∞∞∞∞

Las limitaciones que tienes en tu vida, en realidad empezaron en tu mente. Cambia tu mentalidad y date la oportunidad de vivir en abundancia.

∞∞∞∞

Se agradecido por cada centavo que llega a tus manos. Si agradeces al Universo por las cantidades pequeñas, empiezas a abrir la puerta a la abundancia y a estar preparado para agradecer las cantidades grandes. ¡Mereces la abundancia!

∞∞∞∞

Puedes tener un millón de dólares en tus manos y sentirte miserable, en lugar de estar feliz y agradecido con el Universo. El dinero es importante y todos merecemos tenerlo en abundancia; para ello también es importante aprender a ser agradecido con el Universo por cada centavo que llega a nuestras manos. Tu actitud y tu relación con el dinero es importante, haz que fluya. ¡Merecemos la abundancia!

∞∞∞

El río de la abundancia nace, crece y corre dentro de ti. Es tu responsabilidad cuidar de ese río y lograr que se conecte con el inmenso mar de oportunidades para tu vida.

∞∞∞

El dinero es una idea. Una gran idea que luego se presenta en el mundo de lo físico como un billete, un cheque, una moneda o, en el mundo de lo digital, como una criptomoneda. Pero en el fluir del dinero entre la persona X a la persona Y lo que realmente hay es un fluir e intercambio de valor. ¡Agrégale valor a la vida de otras personas y la abundancia siempre estará contigo!

∞∞∞

Pide en grande al Universo, sin limitaciones. Todo lo que quieres para tu vida es posible alcanzarlo.

∞∞∞

*Todos tenemos derecho a la abundancia. Todos tenemos la posibilidad de tener una mentalidad de abundancia. ¡Activa el código de la abundancia que ya reside en ti!*

∞∞∞

*El Universo está lleno de sorpresas y mucha abundancia para ti. ¡Deja que fluya todo lo bueno a tu vida!*

∞∞∞

*La semilla de la abundancia puede germinar y dar grandes frutos en tu vida, si primero limpias tu mente de las creencias limitantes. ¡Mereces la abundancia!*

∞∞∞

*Abre tu espíritu y tu corazón a las sorpresas positivas de la vida. ¡Merecemos todo lo mejor!*

∞∞∞∞

La mejor forma de ayudarnos a nosotros mismos es
ayudar a otros. ¡Recibes lo que das!

∞∞∞∞

Si el sistema de educación no nos enseña sobre el
dinero ¿No te parece una obligación personal aprender
el juego del dinero?

∞∞∞∞

Así como pagas tus cuentas, págate y escríbete un
cheque a ti mismo y prémiate por tus logros.

∞∞∞∞

El merecimiento empieza por creer que somos
merecedores de lo mejor. Eres una maravilla del
Universo y mereces vivir bien.

# Amor

YO SOY amor, tú eres amor. ¡Créelo! El amor entre las personas es posible, si antes existe un verdadero amor interno en cada ser humano. Nadie puede dar amor si antes no es capaz de amarse a sí mismo. El amor es una fuerza de poder incalculable.

En la cultura occidental y especialmente en aquella profundamente cristiana el mantra que mejor ilustra la puesta en práctica del amor es aquella frase de Jesús: "ama a tu prójimo como a ti mismo". Esta hermosa frase refleja tanto la forma externa del amor, pero también el aspecto interno del mismo. El amor es externo cuando se expresa entre las personas, es una fuerza y energía que conecta, que une y hace vibrar alto a aquellos que viven en amor. Sin embargo, creo que el aspecto interno del amor es conocernos a nosotros mismos, descubrirnos, entender nuestro propósito en esta vida. Cuando hay amor interno nos aceptamos y nos valoramos tal cual somos. Cuando vivimos en amor, deja de existir ese verdugo interno que nos hace daño. Cuando vivimos en amor, se apaga la voz lacerante del verdugo interno y le damos paso a un diálogo de amor con nosotros mismos.

El amor para con nosotros mismos y los demás es una esfera del amor. Existe otra esfera del amor que se refleja cuando abrazamos y valoramos la naturaleza que nos rodea. Amar y proteger la Madre Naturaleza, la Madre Tierra también es un acto de amor para quienes vivimos ahora, pero también un acto de amor para con todos aquellos que vendrán y habitarán esta parte del Universo.

Alcanzamos otras esferas y niveles altos de amor, cuando aprendemos a conectarnos con nuestra esencia. Alcanzamos el amor y vivimos en amor cuando dejamos de buscarlo afuera y, en cambio, decidimos conscientemente buscarlo adentro de nosotros. El amor ya existe en nosotros, pero hace falta despertar y estar conscientes de ello. El poder del amor es incalculable y puede unir personas, comunidades, países, culturas, el mundo entero; desafortunadamente siempre hay otras fuerzas que acecharán para detener el poder del amor. Lo importante es estar despiertos y no permitir que el poder del amor sea limitado en nosotros.

Sentirnos merecedores del amor, de todo el amor que el Universo tiene preparado para nosotros implica despertar... Si has llegado hasta aquí, es porque quieres despertar el amor, quieres tomar consciencia y sentirte merecedor del amor que ya reside en ti. Dite este mantra todos los días y créelo: YO SOY amor.

A continuación, te dejo algunas frases que espero contribuyan a hacerte más consciente del Ser de amor que eres. Recuerda repetir el mantra: YO SOY amor.

*No es suficiente con decir te quiero o te amo a las personas que amas. Tienes que probarlo y ser consistente. Empieza dándote amor a ti mismo y luego irradia y expande ese amor a tu alrededor.*

*Cuando aprendes a quererte, dejas de estar ansioso y de preocuparte de si "los otros te quieren". ¡Quiérete mucho!*

∞∞∞∞

*Haz de la ternura y del amor un ingrediente indispensable en tu receta de vida. ¡Expande la ternura y el amor!*

∞∞∞

*Expresa lo que pasa en tu cabeza, comparte lo que sientes en tu corazón. Atrévete a expresar tus sentimientos y emociones. No te guardes ese abrazo y dáselo hoy a esas personas que amas.*

∞∞∞

*Nos es Cupido quien te atraviesa con su flecha del amor, ere tú quien decide vivir con amor u odio en tu vida. ¡Vive feliz!*

∞∞∞

*Protege primero tu esencia y garantiza tu integridad y seguridad. Luego ocúpate de los demás. No es egoísmo; al contrario, eso es un paso previo para estar listo para ayudar a más y más personas. Es, también, amor propio.*

∞∞∞

*Porque el Creador y el Universo me aman, soy capaz de ser un Ser de amor y alcanzar todo lo que me propongo.*

∞∞∞

*Date un abrazo todos los días y dite que te quieres. Haz resonar gestos y palabras de amor hacia dentro de ti. Entra en la frecuencia y la vibración del amor y atraerás más amor a tu mundo.*

∞∞∞

*Yo soy feliz conmigo mismo, aún con mis errores. Quererme es una condición indispensable para seguir en la ruta de ser mejor persona y ser humano.*

∞∞∞

*No conviertas tu corazón en un hotel en donde los huéspedes VIP sean el rencor, el odio y todo lo negativo. En cambio, convierte tu corazón en un cálido hogar en el cual habitan el amor, el perdón, la* felicidad, la esperanza y todo aquello positivo que te hará vivir la vida con consciencia y con propósito.

∞∞∞∞

Jura, promete y da amor incondicional a la persona más importante en tu vida: tú. ¡Quiérete mucho!

∞∞∞∞

Deja de quererte por lo que tienes o por lo que has logrado en la vida. En cambio, quiérete por lo que eres: una hermosa criatura del Universo.

∞∞∞∞

Conocerte bien y dedicarte tiempo es un acto de amor propio. ¡Dedícate tiempo!

∞∞∞∞

Me comprometo a respetar y tratar con dignidad a todo ser humano, empezando conmigo mismo. ¡Quiérete mucho!

∞∞∞∞

Al estar en paz y darnos amor, empezamos a fluir de mejor manera y a mantenernos enfocados en metas y objetivos que contribuyen a hacernos mejores seres humanos. ¡Quiérete mucho!

∞∞∞∞

Empieza a ser bueno contigo mismo y a quererte. Date un abrazo todos los días, felicítate por cada logro y date amor incondicional.

∞∞∞∞

Cuando empiezas a quererte más, el Universo y la vida empiezan a confabular más a tu favor.

∞∞∞∞

Tú no puedes dar amor a tu familia, al prójimo, a tu comunidad o a tu país, si antes no empiezas por darte amor a ti mismo. ¡Despierta!

∞∞∞∞

Si eres capaz de felicitar y dar cumplidos a otros, se capaz de felicitarte y darte palabras de amor a ti mismo.

∞∞∞∞

No le creas a quien dice que te quiere si con sus acciones demuestra que no se quiere ni a sí mismo.

∞∞∞∞

Se amable contigo mismo y con toda aquella persona que llegue a tu vida. Ser amables con nosotros mismos es sentirnos dignos de ser amados.

∞∞∞∞

La indiferencia más desgarradora de tu vida es la indiferencia hacia ti mismo. ¡Despierta, quiérete mucho!

*Tomar un poco de tiempo para ti mismo, quererte y mimarte no es egoísmo. Es un altruismo individual que va a contribuir a la salud familiar y social.*

∞∞∞∞

*No hay mejor nutricionista emocional que tú mismo. Recétate paz, amor, felicidad y agrégale nutrientes como la alegría, sonrisas y muchos abrazos.*

∞∞∞∞

*La única persona que vivirá contigo, toda la vida, hasta que la muerte los separe es… Sí, tú mismo. Entonces, a la primera persona que debes aprender a querer y amar es a ti mismo.*

∞∞∞∞

*Date cuenta de la hermosa persona que eres. Conecta tu hermosura con seres de luz y con la imponente belleza de la naturaleza que te rodeas. ¡Eres hermos@, créelo!*

∞∞∞∞

*Si el amor llegó a tu vida, asegúrate de mantener la misma energía, emoción, alegría y sensación que tuviste desde el primer momento en que llegó a tu vida. ¡Solo despierta, el amor ya está dentro de ti!*

∞∞∞∞

*Si quieres amor en tu vida y a tu alrededor, entonces da e irradia amor. Lo que lanzas al mundo es lo que te regresa.*

∞∞∞∞

*La belleza y el arte está en todos lados y en cualquier parte. Empieza por observar la belleza en ti. Eres una hermosa obra de arte del Universo. ¡Quiérete mucho!*

∞∞∞∞

*No reclames migajas de atención o de "amor" a nadie. El amor empieza contigo, quiérete mucho.*

# Perdón

El perdón es un acto de amor hacia uno mismo, pero también hacia los demás seres humanos. Y es un acto de amor hacia uno mismo, porque nos libera de cargar con pensamientos, emociones y sentimientos negativos; el perdón nos hace la vida más liviana y más reconfortante. El perdón es un acto de amor hacia las personas que por alguna u otra razón nos hirieron, consciente o inconscientemente. Cuando perdonamos estamos en control de nuestra vida y es un ejemplo concreto de que hemos decidido ya no estar atados al pasado. El perdón nos desata y desengancha de personas o situaciones tóxicas. Y así como el perdón es un acto liberador para nosotros mismos, cuando alguien nos perdona también nos libera y reconforta la vida, el espíritu. En tal sentido, el perdón libera tanto si somos nosotros quienes lo damos, como si somos quien lo recibe.

La vida es tan hermosa como para andar cargando durante ella un pesado equipaje lleno de rencor, dolor, amargura, enojo, sed de venganza u otras tantas emociones negativas. Por eso cuando perdonamos o alguien nos perdona hacemos posible que la vida sea más bella y más feliz para todos los implicados. Pero perdonar a otros es más difícil si antes no hemos aprendido a perdonarnos a nosotros mismos. Por eso, antes de perdonar a otros, cerciórate de haberte perdonado a ti mismo por todo aquello que fuese necesario.

El perdón nos ayuda a vivir en el aquí y ahora. El perdón nos ayuda a soltar el pasado triste y doloroso. Perdonar es aprender a soltar el pasado. Encuentra el tiempo y el espacio para sanarte y perdonarte a ti mismo. Encuentra el tiempo y el espacio para sanarte y perdonar a todos aquellos a los que tengas que perdonar. Cuando ocurre un acto de perdón, asistimos a un acto en el que se transforma la energía negativa, en una nueva y positiva energía. Perdonar es recuperar nuestra energía y nuestro poder individual. El perdón es también una búsqueda del equilibrio mental y emocional.

Perdonar implica tomar la decisión consciente de dejar de ser víctimas de nosotros mismos o de alguien más. Perdonar es ganarle al ego. Cuando perdonamos estamos en el camino de sanar memorias dolorosas de nuestro pasado. Aprender a perdonar es darnos la oportunidad de vivir un presente más liviano y en paz con nosotros mismos y con los demás. El perdón es un acto de amor que tiene beneficios positivos en el campo emocional, físico y espiritual de nuestra vida. Regálate amor, paz, libertad, felicidad y muchas otras cosas buenas por medio del perdón. En realidad, el perdón se vuelve en un puente entre un espacio oscuro y lleno de energía negativa, hacia un espacio de luz, en el que tu energía vibra alto y en positivo.

¿A quién tienes que perdonar tú? ¿Acaso es a ti mismo, a tus padres o a alguno de tus hermanos? Talvez aún tienes pendiente perdonar a esa pareja que hirió tus sentimientos o a alguna persona de tu trabajo que te hizo la vida imposible. O talvez tienes que perdonar a aquel amigo que te traicionó y se aprovechó de tu confianza y amistad. Quienquiera que sea, solo toma la decisión de hacerte la vida más liviana y reconfortante y empieza a perdonar. Toma la decisión consciente de perdonar genuinamente y de ya no seguir siendo víctima de nada ni de nadie, mereces vivir en paz contigo mismo y con los demás. El perdón también nos hace libres y ayuda a que nuestro equipaje emocional sea más sano. Tu equipaje emocional seguirá siendo pesado y tóxico si sigues guardando rencor, odio o cualquier pensamiento o emoción negativa hacia alguien. Hazte un favor:

perdona a todos aquellos a quienes tienes que perdonar y viaja con un equipaje emocional sano y libre.

A continuación, encontrarás algunas frases relacionadas al perdón. Dite este mantra de forma consciente e incorpóralo a tu vida: YO SOY amor y decido perdonar.

*El perdón es un instrumento poderoso. Empieza por perdonarte a ti mismo, la cura empieza adentro. Luego, perdona a todo aquel que tengas que perdonar.*

∞∞∞

*¿Qué es el perdón? Es soltar todo aquello (personas, situaciones, cosas, etc.) que te limita de vivir en plenitud y libertad. El perdón ciertamente libera y descarga a las personas que te hirieron, pero, principalmente, te hace libre a ti mismo.*

∞∞∞

*Tú tienes el poder y la gracia de perdonar. Eso no significa tolerar a tu victimario o tu agresor. Perdonar* significa liberarte del pasado, de las situaciones y personas que te hieren el alma y el corazón. Dale lugar a la alegría y a la felicidad en tu corazón.

∞∞∞∞

El resentimiento solo te perjudica y ata al pasado. Suelta y perdona. Date la oportunidad de avanzar y vivir feliz en el presente.

∞∞∞∞

¿Y si todo aquello "negativo" que ha pasado en nuestras vidas solo fue algo necesario para hacernos más fuertes y libres espiritual y personalmente? Deja de juzgar tu pasado.

∞∞∞∞

Cierra ciclos, mándale buenas vibras a las personas que estuvieron en tu pasado. Déjalas ir y deja entrar nuevas y sorprendentes criaturas del Universo a tu mundo.

Tú no puedes hacer nada respecto a tu pasado, pero
estás en la capacidad de hacer lo mejor para tu presente
y empezar a dibujar algo mejor para tu futuro.
¡Perdónate y sigue adelante!

∞∞∞

Aprendes a hacer un buen pastel luego que has hecho
malos pasteles. Así es en la vida: aprendes a vivir bien,
luego de que has cometido errores. ¡Eres humano, deja
la culpa y sigue adelante!

∞∞∞

Revisita tu niñez e identifica y escribe aquello que te
causó dolor, trauma, miedo, tristeza y date una pizca
de amor encontrando el tiempo para sanar todo eso. El
perdón empieza adentro.

∞∞∞

Sanarnos emocionalmente y estar en paz con la
persona que somos en el presente requiere dedicarnos
tiempo y darnos amor.

∞∞∞

*No se elimina la violencia del mundo si antes no hemos aprendido a dejar de ser violentos con nosotros mismos. ¡Deja de ser tu propio verdugo! ¡Perdónate y perdona a quien tengas que perdonar!*

∞∞∞

*Que hayas fracasado en proyectos de tu vida no significa que seas un fracaso. Separa la situación de la persona que eres y aprende a quererte, a perdonarte y a seguir adelante, aún si el fracaso se asoma de cuando en cuando.*

∞∞∞

*No permitas que el veneno del pasado envenene tu presente. ¡Cuida tu presente!*

∞∞∞

*El propósito del perdón es devolvernos nuestra humanidad. Perdona a quien tengas que perdonar.*

∞∞∞

Pon a prueba tu ego… perdona a quien tengas que perdonar. Sana tu alma, eres una criatura hermosa, esa es tu esencia.

∞∞∞

¿Sientes rencor en contra de alguien? Perdona a esa persona y suelta toda esa energía negativa.

∞∞∞

Entierra, hazle un funeral y dile adiós a la versión negativa de tu vida y dale la bienvenida y disfruta de la mejor versión de ti mismo. El perdón empieza contigo mismo.

# Dolor

En la vida pasaremos momentos de dolor. Quizá el dolor que más notemos y del que somos más conscientes sea el dolor físico y hay que sanarnos de él. Pero me parece que hay otras manifestaciones del dolor y de las cuales debemos de cuidarnos: el dolor emocional y el dolor espiritual. El maestro Eckhart Tolle ha escrito y descrito muy bien en qué consiste el dolor emocional. Yo agregaría que también podemos llegar a sufrir de dolor espiritual. Y digo esto porque como seres humanos somos cuerpo, somos mente y somos espíritu y, en consecuencia, atravesamos por dolor físico, dolor emocional y dolor espiritual.

Es muy difícil que alguien pase por la vida sin pasar por algún momento de dolor. Pero el dolor también puede ser el preludio de una vida nueva. Quizá el ejemplo más concreto de esto sea el parto de una mujer. Luego de momentos de dolor físico, una mujer trae a este mundo una criatura maravillosa del Universo. Es posible que, después de un accidente y sufrir daños en nuestro cuerpo físico, pueda que encontremos el verdadero sentido de la vida y vivamos una vida con propósito. Hay mucho dolor físico en todo el mundo y en diversos espacios: en el hogar, las escuelas, los hospitales, las cárceles, los prostíbulos y en muchos otros lugares. El dolor y la violencia que vemos en las calles es solo el reflejo del dolor y la violencia que hay en las familias.

Es muy probable que una persona que hoy es victimario o víctima de dolor físico y violencia es porque en su clan hay personas que, en el pasado, han sido victimarios o víctimas: es increíble cómo tendemos a repetir patrones de comportamiento negativos, muchas veces sin ser conscientes de ello. De ahí la importancia de tomar consciencia y sanar el dolor en nuestra vida. El dolor del pasado puede hacernos vivir una vida miserable en el presente, por eso es tan importante soltar y transmutar esa energía negativa.

El dolor emocional es una carga tan pesada que nos limita de vivir todo lo hermoso de la vida. Generalmente el dolor emocional se debe a que estamos atados a cosas, situaciones o personas que nos afectaron en el pasado. Soltar el dolor emocional requiere practicar el desapego. Se necesita mucha fuerza de voluntad y una toma de consciencia para dejar de ser víctimas del dolor emocional y vivir plenamente en el presente. El dolor emocional puede venir de afuera, de otras personas, pero también nos lo podemos provocar nosotros mismos.

Cada vez que nos reprochamos no haber hecho esto o aquello con nuestras vidas, nos estamos lastimando y causando un dolor innecesario. Cuando no sanamos el dolor emocional que hay en nuestras vidas nos limitamos de ser nosotros mismos, de vivir plenamente y, lo más trágico, nos limitamos de la oportunidad de ser felices en la vida. Hay quienes necesitamos de ayuda profesional y apoyo para superar el dolor emocional, no tengas miedo de pedir ayuda o auxilio para superar algo como eso. Lo trágico sería no hacer nada por ti y dejar que el dolor emocional te consuma y termine con tu vida.

Antes me referí al dolor espiritual, pero: ¿Cómo se manifiesta el dolor espiritual? Yo creo que vivimos en dolor espiritual cuando no estamos conscientes de quiénes somos y cuál es el propósito de nuestras vidas. Atravesamos por dolor espiritual cuando nos sentimos vacíos y cansados por dentro. Vivimos y sufrimos el dolor espiritual cuando dejamos de confiar y nos desconectamos de esa fuerza superior que existe y que hace posible nuestra existencia. Ya sea que le llames Creador, Universo, Buda, Dios o cualquiera sea tu definición de ese Ser Supremo, la conexión y encuentro con él es importante para revitalizar tu espíritu. Date tiempo para sanar el dolor espiritual que hay en tu vida, reencuéntrate contigo mismo y agradece al Universo por Ser la maravillosa criatura que eres. La sanación del dolor físico, emocional y espiritual empieza en nosotros mismos.

Tomar la decisión de sanar y liberarnos del dolor físico, emocional y/o espiritual implica despertar… Si has llegado hasta aquí, es porque quieres despertar y liberarte del dolor. Dite este mantra todos los días y créelo: YO SOY el sanador de mi vida.

A continuación, te dejo algunas frases que espero contribuyan a hacerte más consciente y reflexionar respecto al dolor. Recuerda repetir el mantra: YO SOY el sanador de mi vida.

*Si estás pasando por una enfermedad, además de preocuparte por el dolor y el efecto físico, revisa la causa emocional de esa situación. Tú eres salud, la salud empieza en tu mente.*

∞∞∞∞

*Sufres cuando atas tu felicidad y tu bienestar a una cosa, a una persona o a un momento del pasado o del futuro. Vive alegremente el presente y da gracias por lo que tienes.*

∞∞∞∞

*No te empecines en vivir con quien no te quiere ni se preocupa por ti. La vida es tan bella como para vivir en amargura y dolor. ¡Se libre!*

∞∞∞∞

*Todos, o casi todos, hemos pasado por días y momentos de oscuridad en nuestras vidas. Pero siempre hay un amanecer y despertar. ¡Deja que el Universo ilumine tu mundo!*

∞∞∞∞

*Decepcionarse es parte de la vida. Lo importante es aprender a manejar la decepción y continuar tu camino con más experiencia y conocimiento.*

∞∞∞

*A lo mejor no eres médico… pero eres un sanador en potencia. Empieza por sanarte a ti mismo y, luego, irradia tu luz sanadora hacia todos lados. ¡Vibra alto!*

∞∞∞

*No sufras tratando de demostrar que eres perfecto. Muéstrate con tus luces y tus sombras y reconócete como el Ser único y maravilloso que eres.*

∞∞∞

*Los momentos más oscuros de tu vida, pueden llevarte luego a los momentos más brillantes de tu vida. ¡Aprende de cada experiencia!*

∞∞∞

*No te ahogues en las aguas del mar de la desesperación; en cambio, disfruta del agua y de las maravillas que hay en el mar de la esperanza y del optimismo.*

∞∞∞

*Deja de traicionarte viviendo en el dolor. Se leal contigo mismo y date la oportunidad de ser feliz. ¡Suelta y aléjate de todo aquello que te lastime!*

∞∞∞

*Ciertamente lo que nos pasa en la vida deja huellas, algunas imborrables de la mente y de la memoria. Lo importante es no dejarte atrapar y condicionar tu presente y futuro por ese pasado. Rescata lo bueno y, especialmente, tira muy lejos todo lo negativo del pasado. ¡Vive feliz hoy!*

∞∞∞

*Lavarte y limpiarte de la vergüenza que te atormenta requiere tener el valor de reconocer tus errores y sacarlos de tu sótano de oscuridad. ¡Hazte responsable de tus acciones y enfrenta el resultado!*

∞∞∞

*Liberarte del dolor emocional implica estar dispuesto a enfrentarte y superar las sombras de tu vida.*

∞∞∞∞

*Quizá perdiste a alguien especial en esta vida (un familiar, un amigo, tu mascota, etc.). Ten fe y sigue adelante, recuerda que en algún momento todos volveremos a reunirnos en un hogar angelical.*

∞∞∞∞

*No es normal vivir en la adicción, el dolor, la depresión, la culpa, la tristeza. Cambia todo eso por una vida con propósito, llena de paz y felicidad. ¡Mereces lo mejor!*

∞∞∞∞

*Si tú no le pones un alto al dolor, a la adicción o a la tristeza que te afectan, serán ellas quienes se cansen de ser tus compañeras y serán ellas mismas quienes se encarguen de ponerle un alto a tu vida y acabar con tus sueños.*

∞∞∞

*El trauma más importante en tu vida es la desconexión contigo mismo. ¡Redescúbrete, encuéntrate y abraza tu esencia!*

∞∞∞

*No te enganches con el dolor que hubo en el pasado de tu vida. El dolor de ayer solo te hace más fuerte en el presente. ¡Avanza y vive feliz en el presente!*

∞∞∞

*Transforma las heridas de tu vida en lecciones de sabiduría de vida.*

∞∞∞

*Decir que estamos lejos del dolor y el sufrimiento es un engaño. Lo importante es tomar consciencia y estar preparados para no engancharnos a ello y continuar con nuestro respectivo viaje de vida.*

∞∞∞∞

*El ejercicio de sanar las heridas y el dolor de tu vida es también un ejercicio para recuperar tu poder personal y tu energía.*

∞∞∞∞

*La llamada para tu despertar personal puede venir a partir de algún suceso doloroso, trágico o traumático. Lo importante es no quedarse estancado y aprender a transformar lo negativo en un suceso que nos hará crecer como seres humanos.*

∞∞∞∞

*Detrás de toda adicción hay una historia de dolor o de vacío personal. Para sanar una adicción hay que sanar el dolor emocional.*

∞∞∞∞

*Ciertamente el dolor y la tristeza son parte de la vida; lo importante es no engancharse a ello y, en cambio, hay que seguir adelante construyendo nuestro destino.*

∞∞∞

*Vivir en el dolor y sufrimiento es una decisión. No mereces ser víctima de nada ni de nadie. ¡Toma el control de tu vida y no permitas que nada ni nadie te lastime!*

# Liberar lo tóxico

Hay que liberarnos de lo tóxico. Y eso implica purificar y desintoxicar el cuerpo, la mente y el espíritu. Liberar lo tóxico de nuestras vidas es una muestra de amor y podemos empezar a hacerlo al cuidar de nuestro templo, de nuestro cuerpo físico.

Hace algunos años llegué a pesar poco más de 92 kg; por aquel entonces mi peso "normal" debería de ser de alrededor de 70 kg. Entendí que, si quería vivir más y mejor debía de empezar a cuidar de mi salud, de mi templo. Aunque los consejos y las recomendaciones de la nutrióloga que visité fueron de gran ayuda, lo más importante era tomar acción y cambiar. Así, un día tomé la decisión de cambiar mis hábitos alimentarios y evitar consumir alimentos y bebidas que dañan mi cuerpo. Aquello ayudó y ahora mantengo una dieta balanceada y un peso "normal". No se trata de tener el cuerpo y el peso de un "Adonis", pero es importante cuidar de nuestro cuerpo y liberarlo de todo aquello tóxico. Nuestra vida mejorará, sustancialmente, en la medida que cuidamos de nuestra alimentación y de nuestra salud en general.

Y así como alimentamos mal al cuerpo, sucede muy a menudo lo mismo con el alimento que damos a nuestra mente. Por eso es de vital importancia desintoxicar la mente. Desintoxicar la mente es liberarnos de la tentación de vivir en el pasado o en el futuro. Desintoxicar la mente nos ayuda a vivir en el presente, en el Aquí y Ahora. Lamentablemente, como seres humanos somos especialistas en revolcarnos en el pasado y recordar personas, memorias y situaciones dolorosas de nuestra vida. Nada de eso contribuye a tener una mente sana y en equilibrio. Con relación al pasado, me parece que el perdón es el instrumento adecuado para desintoxicar nuestra mente.

Cuando perdonamos, nos liberamos de memorias, personas y situaciones tóxicas que afectaron nuestra vida. Si bien el futuro es importante, hay que evitar caer en la tentación de agregarle ansiedad, estrés, miedo o cualquier sentimiento o emoción tóxica a nuestra mente y vida, por lo que pueda pasar (o no) en el futuro. El mantra del movimiento de Alcohólicos Anónimos es clave para vivir una vida en paz y en equilibrio:

Un día a la vez. Al practicar esto nos liberamos de toxicidad, pasada o futura y aprendemos a valorar y vivir intensamente en el Aquí y Ahora.

Desintoxicar nuestro espíritu implica ponernos en paz. En paz con nosotros mismos, con la familia, con la comunidad, con tu país, con el mundo y el Universo. Desintoxicar el espíritu implica soltar culpas. Desintoxicar el espíritu implicar hacerle espacio en tu interior al amor e irradiarlo por dondequiera que vayas. Desintoxicar el espíritu es darte tiempo para conectarte con tu esencia, con el Universo, con ese Ser Superior que está ahí y que nunca nos abandona. La meditación, la oración, el ayuno, la peregrinación, son solo algunas de las formas para fortalecer y revitalizar el espíritu. En las culturas ancestrales las prácticas para conectarse y sanar el espíritu implican tener un contacto y respeto profundo con la Madre Naturaleza. Cualquiera que sea el método que elijas para sanar y revitalizar tu espíritu, elígelo de forma consciente.

Otro aspecto que puede ayudar a liberar y desintoxicar nuestro espíritu es practicar el desapego. Y alcanzamos la maestría en la práctica del desapego al practicarlo más y más en nuestras vidas. Es como ir al gimnasio: mejoras tu masa muscular y fortaleces tus músculos en la medida que prácticas y realizas el ejercicio con disciplina y diligentemente. Es lo mismo con el desapego, aprendemos a ser desapegados en la medida que lo practicamos; y en esa medida también ayudamos a tener un espíritu más libre.

Tomar la decisión de sanar y liberarnos de lo tóxico implica despertar… Si has llegado hasta aquí, es porque quieres despertar y liberarte de toda toxicidad. Dite este mantra todos los días y créelo: YO SOY amor y alejo lo tóxico de mi vida.

A continuación, te dejo algunas frases que espero contribuyan a hacerte más consciente y reflexionar respecto a la importancia de aprender a liberarnos de lo tóxico. Recuerda repetir el mantra: YO SOY amor y alejo lo tóxico de mi vida.

*El ambiente importa. Asegúrate de estar en el mejor ambiente para ser la mejor versión de tu vida. Si estás en un lugar que te hunde y mata tu inspiración, sal corriendo cuanto antes.*

Relaciones sanas son las que nos mantienen llenos de vida y cargados de energía positiva. ¡Cuida tu entorno!

∞∞∞

Pueda que pases tu vida entera rodeado de mucha gente… lo trágico sería que fuese de la gente equivocada. ¡Revisa tus relaciones! Se trata de calidad, no de cantidad. ¡Ánimo!

∞∞∞

Dile adiós a toda aquella mentira o situación que te haga sufrir. Puede que sea una relación de mentiras, una "amistad" falsa… cualquiera que sea la mentira, suéltala y vive de forma auténtica y sincera.

∞∞∞

No te traiciones, ni lastimes tu corazón teniendo y viviendo en medio de relaciones tóxicas. Se leal contigo mismo, libera tu mundo de toda negatividad.

∞∞∞

No esperes un progreso en tu carrera si sigues tomando los mismos caminos, relacionándote con la misma gente tóxica y teniendo las mismas estrategias que te mantienen estancado. Para avanzar en la vida es necesario abrirse a la incertidumbre, a nuevas personas y darle rienda suelta a tu creatividad, con disciplina.

∞∞∞

Crecer personalmente es también aprender a desaprender y a soltar todo aquello que no somos y que ya no sirve en nuestra vida. Es aprender a hacer lo que hacen los árboles en cierta época: soltar, soltar y soltar todas las hojas que ya no sirven.

∞∞∞

Hazte un gran favor: aléjate y saca de tu vida a toda aquella persona que te roba la paz, tu energía, tu felicidad, tu bienestar. Selecciona y cuida mucho de quién está en tu entorno. Atrae a tu vida y dedica tiempo a estar con personas que te ayudan a crecer como ser humano.

∞∞∞

Hay algo en lo que es muy importante ser un maestro de la ignorancia: ignorar la crítica negativa y todo aquello que no está alineado con hacerte un mejor ser humano.

∞∞∞

Tu siguiente paso para crecer como ser humano pueda que sea doloroso (romper una relación, dejar un trabajo, etc.), pero sea lo que sea solo enfréntalo y sigue tu camino.

∞∞∞

Siempre habrá un poco de veneno y toxicidad a tu alrededor, lo importante es estar alerta y prevenir para que no te afecte. Pero si por alguna razón el veneno penetra tu templo y tu vida, recuerda que el antídoto contra todo mal ya está en ti. ¡Tú eres el sanador de tu mundo!

∞∞∞

*Amargura, lo siento, no hay lugar para ti en mi vida ni en mi corazón.*

∞∞∞

*Envidia, lo siento, no hay lugar para ti en mi vida ni en mi corazón.*

∞∞∞

*Culpa, búscate otro lugar, no hay lugar para ti en mi vida ni en mi corazón.*

∞∞∞

*Celos, lo siento, no hay lugar para ustedes en mi vida ni en mi corazón.*

∞∞∞

*Tristeza, búscate otro lugar, no hay lugar para ti en mi vida ni en mi corazón.*

∞∞∞

*Miedo, lo siento, no hay lugar para ti en mi vida ni en mi corazón.*

∞∞∞

*Enojo, lo siento, no hay lugar para ti en mi vida ni en mi corazón.*

∞∞∞

*Arrogancia, lo siento, no hay lugar para ti en mi vida ni en mi corazón.*

∞∞∞

*Maldad, lo siento, no hay lugar para ti en mi vida ni en mi corazón.*

∞∞∞

*Rencor, lo siento, no hay lugar para ti en mi vida ni en mi corazón.*

∞∞∞

*Hola pereza, lo siento, no hay lugar para ti en mi vida ni en mi mundo.*

∞∞∞

*Hola desilusión, lo siento, no hay lugar para ti en mi vida ni en mi mundo.*

∞∞∞

*Hola impaciencia, lo siento, no hay lugar para ti en mi vida ni en mi mundo.*

∞∞∞

*Mi alegría y tu alegría es tan valiosa como para perderla por cosas, personas o situaciones sin sentido. ¡Cuida tu mundo!*

∞∞∞

*Haz una lista de las personas con las que más te relacionas. Luego, identifica y clasifica si esas personas están del lado positivo o negativo de la vida. Evalúa, medita y decide con quiénes quieres estar. ¡Cuida tu entorno!*

∞∞∞∞

*No tiene sentido perder el tiempo y preocuparse por cosas o situaciones de las que no tenemos el control de la solución.*

∞∞∞∞

*Como en el pasado, hoy muchos quieren seguir conquistando y controlando territorios. No permitas que nadie controle tu territorio. ¡Gobierna tu vida y tu mundo!*

∞∞∞∞

*Empiezas a controlar tu mundo exterior y cómo reaccionas ante el entorno, en la medida en que controlas tu mundo interior. ¡Cuida tu esencia!*

∞∞∞

La descalificación más tóxica y peligrosa para tu vida, es aquella que te haces tú mismo. Deja de sabotearte y deja de ser tu propio verdugo.

∞∞∞

El control de como sentirte está en ti. Las personas y las situaciones de la vida te van a afectar negativamente solo si tú lo permites.  ¡Sé feliz!

∞∞∞

Deja a los demás correr su propio maratón de vida y corre el tuyo a tu ritmo, a tu estilo y asegúrate de llegar a la meta con motivación.

∞∞∞

Sufres cuando persigues o te aferras a algo o alguien que no es para ti o no te pertenece. No te aferres a una pareja, a un trabajo o cualquier cosa que te haga infeliz. ¡Suelta y abre tus brazos a la paz y la felicidad!

∞∞∞∞

No te castigues viviendo una relación que te lastima y te hace vivir infeliz. ¡Mereces vivir bien, libre, en paz y feliz!

∞∞∞∞

Si un problema llega a tu vida, no te jodas más la existencia con actitudes negativas. Enfócate en la solución, no en el problema.

∞∞∞∞

Hay muchos "ladrones y vampiros" de energía. Si terminas exhausto al final del día, revisa bien tu entorno. ¡No compartas tu energía con quien no la merece!

∞∞∞∞

¿Quién es más demente: aquel que está encerrado en un manicomio y lidiando con sus propios demonios o aquel que anda suelto y jodiendo la vida a los demás? ¡Cuida tu entorno!

∞∞∞

No luches ni gastes energías por controlar a los demás. Controla tu vida e invierte tu energía en ser mejor persona.

∞∞∞

Si tus pensamientos son tóxicos, tendrás emociones toxicas. Sana tu mente, cuida tus pensamientos.

∞∞∞

Está bien estar conectado con el mundo en internet o en tus redes sociales, pero no te olvides de la conexión más importante: la conexión con tu esencia y con el Universo.

# Vulnerabilidad

Sansón fue vulnerable. David fue vulnerable. Aún el rey más sabio, Salomón, fue vulnerable. Todos somos vulnerables en algún sentido y en algún momento de nuestra vida. Nuestras vulnerabilidades pueden ser físicas, psicológicas, emocionales e, incluso, espirituales. Siempre habrá alguien, ya sea nosotros mismos u otra persona, dispuesta a herirnos y a provocarnos heridas físicas, emocionales o espirituales. Es una ilusión pensar que vamos a vivir en un mundo y en un ambiente completamente "seguro"; pero esto no debe paralizarnos. En cambio, es importante tomar consciencia de nuestras vulnerabilidades y aceptar que están ahí. Pero más importante aún, es tomar consciencia de que nuestras vulnerabilidades no deben paralizarnos y, en cambio, pueden ser un detonante que nos mueva a alcanzar grandes metas y logros en nuestras vidas.

El hecho de que seamos vulnerables no significa que seamos débiles. Pensar en la vulnerabilidad como una debilidad es un error. En realidad, ser conscientes de nuestras vulnerabilidades nos hace más fuertes y superarlas nos hace todavía más fuertes y sabios en la vida. No permitamos que el miedo nos aleje de nuestro destino y propósito de vida.

Antes mencioné que nuestras vulnerabilidades pueden ser físicas, psicológicas, emocionales e, incluso, espirituales. En las vulnerabilidades físicas el blanco es nuestro templo: el cuerpo. Por ello es importante tomar en serio nuestro bienestar físico y cuidar de la salud de nuestro cuerpo. Es impresionante el nivel de inconsciencia que hay en el mundo respecto a la importancia de cuidar el templo, el cuerpo. Cuidar el cuerpo no se trata de hedonismo, se trata de amor propio. El cuerpo es como el vehículo que nos ayuda a transitar las calles y avenidas que tiene nuestro viaje de vida. Al cuidar nuestro templo, nos volvemos más fuertes, vigorosos y estaremos en mejor posición de ganar cualquier batalla en la vida.

Pero también hay vulnerabilidades psicológicas y emocionales. En las vulnerabilidades psicológicas y emocionales el blanco es nuestra mente. Por eso es importante cuidar el diálogo interior. ¿Qué le decimos a nuestra mente? ¿Qué nos decimos a nosotros mismos? La calidad de pensamientos que pasen por nuestra mente, evidentemente, tendrán un efecto en nuestras acciones y estados emocionales. Cuando dependemos de la aprobación de los demás estamos en un estado de vulnerabilidad profundo; por ello es tan importante aprender a temprana edad que las opiniones de los demás son solo eso: opiniones. Y son opiniones que no deben afectar y nublar nuestro sentido de valor y dignidad como personas. No permitas que las palabras y opiniones de los demás afecten tu dignidad personal. Cuando vives para "encajar" y ser aprobado por los demás te conviertes en presa y un blanco perfecto de aquellos seres que viven en la oscuridad y que solo buscan dañar a otros. Valórate y no dejes que nadie dañe tu dignidad como ser humano.

En las vulnerabilidades espiritualidades el blanco es nuestra alma. El blanco es nuestro espíritu. Una forma de lacerar el alma y el espíritu de las personas es a través de la intolerancia y el odio derivado de la religión que se practique. Cada cual es libre de practicar la religión o vivir la espiritualidad a su manera y según su cultura. Por eso es tan importante promover y luchar por la libertad de culto. Cada quien debe ser libre de encontrar el camino, la vereda o la ruta que le acercará y le permitirá conocer al Ser Supremo. Somos vulnerables espiritualmente cuando nos olvidamos de cuidar nuestra energía y nuestro entorno. Hay mucho ladrón de energía a nuestro alrededor, y es nuestra responsabilidad cuidarnos y protegernos de ello. Fortalecemos nuestro espíritu pasando más tiempo cerca de la naturaleza, recargándonos conscientemente de energía positiva o asistiendo a un retiro espiritual de cuando en cuando. Cualquiera que sea tu definición de la Divinidad, cerciórate de mantener un contacto y comunicación con ese Ser Supremo que nos fortalece.

Ser vulnerable no significa ser débiles. De hecho, abrazar la vulnerabilidad nos puede convertir en personas más creativas, atentas, diligentes y tenaces para superar todo aquello que debamos superar en la vida. Somos vulnerables incluso hasta en el amor, pero eso no debe significar limitarnos de la oportunidad de amar y ser amados. Hay que abrazar la vulnerabilidad y aunque ésta siempre se dará por invitada en nuestras vidas, de forma consciente y cortésmente le podemos decir: vulnerabilidad te abrazo, te respeto, pero no permitiré que me paralices y me límites de ser la persona que debo ser y de alcanzar todo aquello que el Universo tiene preparado para mí.

A continuación, te dejo algunas frases que espero te ayuden a reflexionar respecto a la vulnerabilidad. Recuerda decir y repetirle esto a la vulnerabilidad de cuando en cuando: vulnerabilidad te abrazo, te respeto, pero no permitiré que me paralices y me límites de ser la persona que debo ser y de alcanzar todo aquello que el Universo tiene preparado para mí.

*Todos somos vulnerables en algún sentido. Pide ayuda a alguien más si la necesitas, eso no te hace débil.*

*El único poder que otros tienen sobre ti, es aquel que tú estás dispuesto a darles. ¡Mantén tu poder y el control de tu vida!*

*Una de las claves para encontrarte a ti mismo y crecer como persona es… aceptarte y dejar de ser tu propio verdugo.*

*Estimado miedo: sé que estás ahí, muéstrate ante cada uno de nosotros y dinos qué es lo que debemos de superar para crecer y ser mejores personas.*

∞∞∞

*Estimado problema: ¿Por qué te apareces de cuando en cuando en nuestras vidas? ¿qué nos quieres enseñar? A diferencia de antes, ya no huyo de ti, en cambio, te abrazo, te escudriño y tomo la enseñanza que viene contigo. Luego de eso, he aprendido a soltarte y darte una gran despedida de mi vida.*

∞∞∞

*¿Quieres derrotar a un enemigo? Empieza por derrotar a ese enemigo interno y dale paso a la versión victoriosa de ti y de tu vida. ¡Ánimo guerreros!*

∞∞∞

*Un enemigo solo puede ganarte la batalla si destruye lo más importante: tu alma, tu esencia, tu mente. ¡No permitas que destruyan al ser maravilloso que eres!*

∞∞∞∞∞

Nadie sabe lo que hay dentro de ti. Date la oportunidad de soltar y mostrar al mundo todo lo hermoso que hay dentro de ti.

∞∞∞∞∞

Si no conoces quién soy y de dónde vengo… no me juzgues por quien tú crees que soy.

∞∞∞∞∞

¿Cómo está tu semáforo personal? ¿Estás pendiente y observando las señales que te indican cuándo hay que parar, cuándo hay que tomar precauciones o cuándo hay que pisar el acelerador para avanzar en tu viaje de vida?

∞∞∞∞∞

Cuando te críticas y eres tu propio verdugo, te conviertes en el principal crítico y el verdugo de una maravilla del Creador y del Universo: tú. ¡Deja de ser tu verdugo y, en cambio, se tu mejor aliado!

∞∞∞

*El peligro y el miedo que nos acechan son también una oportunidad para demostrar lo valientes, creativos y tenaces que podemos ser para superarlos y no sucumbir ante ellos.*

∞∞∞

*La debilidad del débil solo puede ser vencida por el propio "débil". Ciertamente alguien puede ayudar en el proceso, pero la principal acción y responsabilidad de salir adelante y vencer miedos y amenazas es solo de quien ahora está en "debilidad".*

∞∞∞

*¿A qué le tienes miedo? Nunca vamos a superar nuestros miedos si antes no sabemos con claridad a qué le tenemos miedo y por qué. Haz una lista de tus miedos y ve superándolos uno a uno.*

*El virus más importante a vencer en la vida es el miedo. Se vale tomar precauciones, pero no permitas que el miedo te paralice.*

*No se vencen los miedos y las inseguridades sin antes hacerte consciente de ellas. Empieza por identificar: ¿A qué le temes? ¿Por qué eres inseguro? Luego: sencillamente noquéalas.*

*Haz una lista de tus principales miedos y, a continuación, elabora una estrategia y un plan de acción para vencerlos. Nada se conquista sin planificación.*

*En la medida que aprendes y sabes más sobre ti mismo, tiendes a tener menos miedos y a vencer tus inseguridades. ¡Estúdiate!*

*No está mal equivocarse, ni sentirse con miedo o inseguro. Lo importante es hacerte consciente de ello y transformar eso en fortalezas.*

∞∞∞

*No tengas miedo a que te etiqueten de "raro" o "excéntrico"; las grandes ideas y los cambios provienen de gente fuera de lo común. ¡Se libre!*

∞∞∞

*En tiempos de incertidumbre es normal sentirte vulnerable. ¡No temas! La incertidumbre es una grandiosa oportunidad para retarte y demostrarte que eres más fuerte y creativo.*

∞∞∞

*No le tengas miedo al error y al fracaso… son solo pasos previos para alcanzar lo mejor de ti. ¡Vuela mi herman@!*

*Vacuna tu mente y tu alma contra la enfermedad, el dolor y el miedo. Activa tu poder sanador.*

# Parte 2

## Confianza personal

Al igual que el amor, la confianza personal empieza adentro de nosotros mismos y comienza a fortalecerse en la medida que nos aceptamos tal cual somos. Y aceptarnos tal cual somos implica aceptar nuestros errores y hacernos responsables de sus consecuencias. Tener confianza en nosotros mismos implica dejar de juzgarnos y condenarnos; implica perdonarnos de corazón.

A lo largo de la vida logramos muchos aciertos, pero también desaciertos. Si no sanamos el impacto de los desaciertos en nuestras vidas, éstos tendrán un efecto muy grande y negativo en la forma como nos percibimos y actuamos ante los demás. Por ello, un regalo de amor que puedes darte a ti mismo y que contribuirá a mejorar tu confianza personal es revisar y revisitar aquellos sucesos que marcaron tu vida y por los cuales no te sientes muy orgulloso. Que hayamos cometido errores en el pasado no significa que nosotros o nuestras vidas sean un error. Date el perdón que mereces.

En muchas ocasiones, el miedo a estar solos o el miedo a "no encajar" nos limita la oportunidad de ser nosotros mismos. Por ello es importante tomar consciencia de que el permiso de ser nosotros mismos no viene de afuera, viene de adentro. Ser auténticos y transparentes con nosotros mismos y con los demás es fundamental para mejorar la confianza personal. A lo mejor puedes decirles mentiras rimbombantes de ti mismo a otras personas y presumir de ser alguien que no eres, pero no puedes mentirte a ti mismo. No gastes de tu energía mintiendo y fingiendo ser quien no eres; cuando haces eso en realidad solo estás destruyendo tu esencia, destruyéndote a ti mismo y minando tu confianza personal.

Mejorar nuestra confianza personal implica dejar de depender de la aprobación de los demás. Mejorar nuestra confianza personal también implica dejar de compararnos con los demás. La única persona con la que debemos de competir es con nosotros mismos. Cada día es una oportunidad para ser mejor persona, para ser un mejor ser humano.

Mejorar nuestra confianza personal es una decisión y una acción consciente. Te invito a que sanes las heridas y te des el perdón personal por tus errores del pasado. No condenes tu presente por aquello que ya quedó en el pasado. Pero lograr esto significa darte un voto de confianza, significa darte la oportunidad de confiar en ti mismo y tomar la decisión de ser la mejor versión de tu vida. No te revuelques en el pasado, en cambio, disfruta de este maravilloso día y presente que te da el Universo y aprovecha cada segundo, cada minuto, cada hora para vivir la vida con alegría y entusiasmo. Ten la confianza de que puedes ser feliz y alcanzar todo aquello que te propones.

Sentir y tener confianza personal y ser todo aquello que el Universo ha preparado para nosotros implica despertar… Si has llegado hasta aquí, es porque quieres despertar o fortalecer tu confianza personal, quieres tomar consciencia y sentir la confianza personal que ya reside en ti. Dite este mantra todos los días y créelo: YO SOY único y confío en mí.

A continuación, te dejo algunas frases que espero contribuyan a hacerte más consciente del Ser especial y único que eres. Recuerda repetir el mantra: YO SOY único y confío en mí.

*La confianza en ti mismo empieza y se fortalece en la medida en que estás y te sientes bien contigo mismo.*

∞∞∞∞

*Tú no puedes avanzar hacia adelante y hacia alcanzar tus metas, si constantemente estás regresando o suspendido en el pasado. Enfócate en este momento y disfruta de tu camino de vida.*

∞∞∞∞

*Si alguien te habla y te trata mal, eres el responsable de ponerle en su lugar y poner un alto, en el mismo instante en que te agreden. Nadie tiene derecho a vulnerar o lastimar tu dignidad. ¡Quiérete mucho!*

∞∞∞∞

*Date la oportunidad de ser tú mismo y de irradiar tu esencia dondequiera que vayas. Irradia tu luz; esa luz, además de iluminar tu camino, puede ser el destello que ayude a inspirar o hacer más fácil el camino de otros.*

∞∞∞

*Ignora los comentarios negativos sobre ti. Eso no te hace débil; al contrario, eso es un reflejo de que mantienes tu poder y estás en control de ti mismo.*

∞∞∞

*No deposites tu valor como persona en lo que otros digan de ti. Eso te hace débil y depender de la aprobación de los demás.*

∞∞∞

*Sentirte valioso y especial no depende de la aprobación de otros. El Universo te hizo especial. ¡Créelo!*

∞∞∞

*Atrévete y supera la codependencia. Tu no necesitas de la aprobación de nadie para avanzar en tu camino de vida.*

∞∞∞

No dejes que nada ni nadie te quite tu sentido de valor
y aprecio por ti mismo. Valórate y quiérete mucho.

∞∞∞∞

Date permiso de ser tú mismo. No dejes que lo que
digan las demás personas sobre ti marque el rumbo de
tu vida.

∞∞∞∞

No gastes tu energía queriendo impresionar a otros.
Impresiónate a ti mismo y observa lo valiente y capaz
que eres.

∞∞∞∞

El Creador, el Universo te han equipado y empoderado
maravillosamente. Solo suéltate y date la oportunidad
de brillar.

*Ten el coraje de ser tú y de tomar riesgos. De lo contrario, dejarás que el miedo moldee tu vida y socave tus sueños.*

*No esperes ni te aferres al aplauso y a la aprobación externa. En cambio, aférrate y date la aprobación interna. Esa es la aprobación más importante.*

*Hoy, mira a alguien a los ojos y establece una conexión especial y buena comunicación. Acostumbra a establecer contacto visual, mejora la confianza y seguridad en ti mismo.*

*Busca y conserva amigos que te hagan las preguntas difíciles. Esos amigos y sus preguntas difíciles te harán pensar sobre aspectos que importan en tu vida.*

*¿Y si el peor enemigo que tienes eres tú mismo? Deja de ponerle obstáculos a tu vida y no sabotees la oportunidad de ser feliz.*

∞∞∞∞

*Solo tú puedes ser tú. Toma el control de tu vida y deja de vivir atado a lo que otros dicen o esperan de ti. ¡Se auténtico!*

∞∞∞∞

*El futuro de tu familia, comunidad y país brilla y es esperanzador en la medida que tú brillas y vives con el sentido de esperanza de que estás y estarás bien.*

∞∞∞∞

*Tú no eres ningún error. El error es no ser tú mismo. ¡Despierta y se feliz contigo mismo!*

∞∞∞∞

*¿No te fías ni de tu sombra? Entonces ni siquiera confías en ti mismo. Empieza a confiar en ti y se*

recíproco con aquellas personas que depositan su confianza en ti.

∞∞∞

Si tú no te respetas a ti mismo, difícilmente te respetarán los demás. ¡Valórate!

∞∞∞

Comprométete contigo mismo a cuidar de tu seguridad personal y a cultivar tu autoestima. El cuidado y crecimiento personal empieza y se consolida dentro de nosotros mismos.

∞∞∞

El permiso más importante para avanzar en tu vida es el permiso que te das tú mismo. Se tu propio cómplice y avanza en tu viaje personal.

∞∞∞

La primera impresión, es la última impresión de ti y es la que dejas en la mente de los demás. ¡Muestra tu esencia desde el principio!

∞∞∞∞

La soberanía más importante es aquella que tienes para ti mismo y sobre tu mundo. Cierra tus fronteras y no dejes entrar lo negativo y lo tóxico a tu vida. ¡Cuida tu reino!

∞∞∞∞

Tú tienes un gran superpoder. Sí, tienes el superpoder de ser tú. ¡Cree en ti!

∞∞∞∞

Nunca vas a estar en paz si te la pasas comparándote con los demás. La única persona a quien debes superar es a ti mismo.

*Lo más poderoso que puedes hacer por ti es ser tú.*
*¡Ánimo!*

∞∞∞∞

*Nadie nace para "encajar" en lo que la multitud*
*quiere. Tú naciste para Ser tú. ¡Brilla!*

∞∞∞∞

*Elige y corre tu carrera de vida. En esa carrera la*
*competencia es en contra ti mismo, contra nadie más.*
*¡Saca lo mejor de ti!*

∞∞∞∞

*Nadie es más grande que tú. Tienes el potencial y el*
*talento para ser lo mejor que puedes ser en esta*
*dimensión: créelo.*

∞∞∞∞

*Ser auténtico y honesto contigo mismo requiere coraje*
*y persistencia. Es superar la tentación de "ser" lo que*
*otros quieren que seas.*

# Responsabilidad propia

Tener responsabilidad propia implica no mentir, no ocultar y aceptar los errores que hemos cometido, aún y cuando eso nos implique perder oportunidades. Es el costo que debemos pagar por nuestros actos. Hace algún tiempo, mientras aplicaba para una posición en una empresa pase por varias de las etapas que implicaba el proceso de contratación. Estando en la fase final, se me hizo llenar un formulario que contenía una pregunta como esta: ¿Ha estado en la cárcel alguna vez? Para aquel entonces yo ya había pasado por un proceso de sanación personal y mi respuesta fue afirmativa. No tuve la tentación de mentir aún a sabiendas que eso podría implicar no ser contratado. Quizá si mis heridas del pasado no hubiesen sido sanadas antes de aquello, a lo mejor hubiese caído en la tentación de mentir. Por eso agradezco al Universo la oportunidad de vivir sin culpas y con la capacidad de perdonarme por mis errores. Espero a futuro poder contarles en detalle la tontería juvenil que me llevó a conocer, por unas horas, la prisión.

Volviendo al proceso de contratación y a la pregunta incómoda, le dije a la persona responsable de dicho proceso, que agradecía la oportunidad que se me daba de pasar a la ronda final pero que debía ser coherente y transparente con ellos y conmigo mismo, por lo que le hacía ver que en el formulario aquel había indicado que sí había estado preso en alguna ocasión. Además, mencioné que si aquel error de mi vida era la causa de ser excluido del proceso de contratación lo entendería. Para mi sorpresa fui la persona seleccionada y aquella experiencia laboral fue muy enriquecedora y de mucho aprendizaje en mi carrera.

Por eso creo que tener responsabilidad propia es hacernos cargos de nosotros mismos. Implica no andar echándole la culpa a los demás de los que nos pasa o de nuestros errores. Es asumir las consecuencias, buenas o malas, de nuestros actos. Es muy fácil andar por la vida culpando a otros de lo que nos pasa sin darnos cuenta de que los arquitectos de nuestras propias vidas somos nosotros mismos. Ocuparnos de nosotros es asumirnos tal cual somos y mejorar aquello que haya que mejorar y fortalecer nuestros dones y talentos.

Si lo que pasa en nuestras vidas no es de nuestro agrado, es nuestra responsabilidad hacer todo aquello que sea necesario para cambiar la situación y buscar la paz y felicidad personal. Somos los únicos responsables de nuestra felicidad o de nuestra desdicha. Tener responsabilidad propia es lograr que nuestra felicidad venga de dentro de nosotros mismos y que ésta no dependa de otra persona. Cuando permitimos que nuestra "felicidad" sea el producto de los actos de alguien más, en realidad lo que estamos haciendo es depositando en esa otra persona nuestra valía personal.

Tener responsabilidad propia implica darnos a la tarea de buscar y encontrar nuestro propósito de vida. Nos traicionamos y somos irresponsables con nosotros mismos cuando vamos a por la vida sin un propósito y sin una idea clara de aquello que queremos Ser. Vivir responsablemente es Ser auténticos, sin temor a lo que los demás digan o piensen de nosotros.

Es claro que, como seres humanos, vamos a cometer muchos errores a lo largo de nuestras vidas. Lo importante es levantarnos, sanar las heridas y perdonarnos. Ser responsables con nosotros mismos implica dejar de revolcarnos en el dolor del pasado y, en cambio, implica estar abiertos a todo aquello bueno que el Universo tiene preparado para nosotros. Ten presente que en la vida encontraremos muchos maestros, amigos y mentores que nos harán caminar la vida de una forma más fácil, sin embargo, es nuestra responsabilidad hacer de nuestra vida lo mejor de lo mejor.

Tener responsabilidad propia y de nosotros mismos implica despertar… Si has llegado hasta aquí, es porque quieres despertar y hacerte responsable de ti mismo. Dite este mantra todos los días y créelo: YO SOY responsable de mí mismo y de todo lo que pasa en mi vida.

A continuación, te dejo algunas frases que espero contribuyan a hacerte más consciente de la importancia de ser el responsable de tu propia vida. Recuerda repetir el mantra: YO SOY responsable de mí mismo y de todo lo que pasa en mi vida.

*Está bien aceptar el apoyo y la ayuda de los demás, pero no olvides que la responsabilidad final de tu vida y bienestar es solo tuya. Aprende a contar contigo mismo.*

Además de aprender a manejar un carro, una moto o quizás un helicóptero o avión, no te olvides de aprender a manejar y estar en control de tu vida.

∞∞∞∞

*Todos tenemos una cierta cantidad de energía cada día. ¿Estás invirtiendo tu energía en las personas y las cosas que te importan? ¡Vibra alto, no desperdicies tu energía!*

∞∞∞∞

*Tu prioridad es hacer y mantener como una prioridad tus prioridades de vida. ¡No pierdas el foco! Invierte en ti.*

∞∞∞∞

*Hay mucha insensibilidad en el mundo como para seguir echando más combustible al fuego. Que tus palabras a los demás irradien alegría y amistad.*

∞∞∞∞

*Si estás dispuesto a sacrificarte por alguien más, asegúrate primero de haberte sacrificado por ti mismo antes. Necesitas estar bien para ayudar a otros.*

∞∞∞∞

*La clave más importante para estar bien y para un mejor futuro es: tú mismo. Esfuérzate todos los días en ser una mejor persona, más humano.*

∞∞∞∞

*No esperes que alguien más cambie para estar mejor. Si quieres que ciertas cosas empiecen a mejorar y cambiar en tu vida, empieza por mejorar y cambiar ciertas cosas ti mismo.*

∞∞∞∞

*El estar mejor en mi vida y conmigo mismo no depende de la sociedad, de la Iglesia o de los demás. El estar mejor depende de mí y es una decisión. ¡Atrévete a cambiar!*

∞∞∞

*La principal institución en tu vida, eres tú mismo. En la medida que mantienes saludable tu institución personal, así podrás impactar positivamente en tu institución familiar, comunitaria y la de tu país.*

∞∞∞

*¿Qué está funcionando hoy en tu vida? Tómate un tiempo para mirar dentro de ti y para encontrar la respuesta. Felicítate por todo lo bueno y ponte a mejorar aquello que haya que mejorar.*

∞∞∞

*No permitas que las dudas o la indecisión de otros saboteen tus planes de vida. Toma el control de tu vida, de tus decisiones y lánzate a por las oportunidades.*

∞∞∞

Tú eres un ser capaz de hacer grandes cosas y hazañas si estás dispuesto a tomar grandes decisiones en tu vida. ¡Toma el control de tu vida!

∞∞∞∞

El trabajo de tus sueños es… ser la mejor versión de ti mismo. ¡Brilla!

∞∞∞∞

Creer en ti y en tu potencial es una opción; y como toda opción, es una decisión tuya tomarla y optar por creer en ti. ¡Eres maravilloso, créelo!

∞∞∞∞

Tú tienes el permiso de no hacer nada con tu vida, pero también tienes la opción de hacer todo lo que te propones para tener un fantástico viaje de vida terrenal… la decisión es solo tuya.

*¿Quieres hacer cambios importantes en tu vida? Empieza por cambiar tu mentalidad y sanar todo dolor emocional que te limita. ¡Lo demás será pan comido!*

∞∞∞∞

*Hay quienes tienen membresía VIP en el gimnasio de la negatividad y tienen como entrenadores al odio, la desesperanza y el rencor. Con todo eso, ellos se vuelven en campeones de las olimpiadas del dolor y del fracaso y obtienen de premio una vida miserable. ¡No te unas a ellos!*

∞∞∞∞

*Se puede superar obstáculos, circunstancias y personas negativas que afectan nuestras vidas; pero para alcanzar eso, primero hay que tomar consciencia y las riendas de nuestra vida y no dejar que gire alrededor de lo que otros hagan o dejen de hacer.*

∞∞∞∞

*En el teatro de la vida nunca aceptes desempeñar el papel de víctima. Brilla y se el director de tu obra de vida.*

∞∞∞

*Los chinos construyeron una gran muralla para proteger su imperio. Construye tu propia muralla y protege tu vida y tu mundo. Que esas murallas protejan el amor y la felicidad que hay dentro de ti. ¡Cuida tu entorno!*

∞∞∞

*Gobierna este día de tu vida y haz lo mismo el resto de tus días. ¡Controla tu mundo!*

∞∞∞

*Deja de culpar al "diablo" o a los demás de lo que te pasa. Despierta, hazte responsable y toma el control de tu vida.*

∞∞∞

*Una excelente forma de servir al mundo y a la sociedad es haciéndote cargo y responsable de tu vida y no andar jodiendo la existencia a nadie.*

∞∞∞∞

*Asegúrate de ser una prioridad en tu vida y de hacerte cargo y responsable de ti mismo. Solo con eso le haces un gran favor a la humanidad.*

∞∞∞∞

*Cuando no honras tu palabra y tus compromisos, te vuelves más débil y pierdes credibilidad. ¡Cumple lo que prometes! Hazlo porque te respetas y respetas a los demás.*

# Motivación personal

Estar motivado implica estar alineados con nuestra esencia e ir en la ruta de encontrar y cumplir con nuestro propósito de vida. Alcanzar un objetivo, una meta, cumplir una hazaña, nos da una satisfacción momentánea pero no la verdadera motivación. Estar motivado implica sentirnos plenos y tener un alto sentido de dignidad y de valor por nosotros mismos. La motivación implica acción y toma de decisiones. Estar motivados es salir del adormecimiento y la parálisis de vida que no nos permite avanzar y alcanzar todo aquello que podemos ser.

Cuando estamos motivados le damos rienda suelta a nuestra creatividad y nuestra energía vibra alto y se irradia por todo aquel lugar al que vamos. La motivación implica un balance y salud física, mental y espiritual. Las personas que pasan por una enfermedad física deben tener el deseo ardiente de querer estar mejor y hacer con disciplina todo aquello que haya que hacer para tener una salud plena. La motivación también requiere de una adecuada salud mental; no puedes ir por el mundo diciendo que eres una persona motivada si lo que hay en tu mente son pensamientos tóxicos que producen emociones tóxicas y desbalances emocionales en tu vida. La motivación implica conectarte con tu esencia y con el Universo, la motivación también es espiritual.

Cuando vivimos en un estado de motivación somos nosotros mismos, somos auténticos. Dejamos de perder energía queriendo aparentar ser alguien más y dejamos de actuar para quedar bien con los demás. La motivación implica coraje y abrazar la incertidumbre. El miedo siempre estará rondando a nuestro alrededor, pero se necesita coraje y motivación para vencerlo.

La motivación no significa ausencia de dificultades. De hecho, creo que la verdadera motivación se expresa en todo su esplendor en los momentos más duros y difíciles de nuestra vida. Cuando se activa la motivación activamos el deseo profundo de ser mejores seres humanos y aprovechamos cada oportunidad que nos brinda la vida para actuar en consecuencia. La verdadera motivación es ser tú mismo y alcanzar ser la mejor versión de tu vida.

Existe, sin embargo, una motivación externa. Este tipo de motivación se manifiesta cuando lo que haces impacta positivamente en la vida de otras personas y del planeta: tu familia, tu comunidad, tu país, la naturaleza, etc. De esta manera, servir a los demás se vuelve en tu obsesión y lo realizas con un profundo amor que te llena y vigoriza tu alma y tu espíritu. Los actos que se realizan a consecuencia de la motivación externa ayudan a construir una sociedad y un mundo mejor para ti y para todos los implicados. Identifica tu motivación interna: tu propósito de vida. Identifica tu motivación externa: el tipo de servicio y ayuda que brindarás a los demás durante tu paso por la vida.

Traer la motivación a nuestra vida y estar motivados es una decisión consciente. ¡Despierta! Ponte en acción e identifica tu motivación más sublime: tu propósito de vida… Si has llegado hasta aquí, es porque quieres despertar y traer la motivación a tu vida. Dite este mantra todos los días y créelo: YO SOY mi propia motivación.

A continuación, te dejo algunas frases que espero contribuyan a hacerte más consciente y reflexionar respecto a la importancia de encontrar tu motivación personal: tu propósito de vida. Recuerda repetir el mantra: YO SOY mi propia motivación.

La sonrisa y entusiasmo que muestras externamente es importante, pero asegúrate de que esa alegría y motivación sea genuina y venga desde tu interior.

∞∞∞∞

La inspiración y motivación no llegarán a tu puerta mientras esperas sentado. ¡Muévete y ve a por tus metas!

∞∞∞∞

Si alguien te dice que no eres bueno en esto o aquello o te sientes constantemente criticado… no te ofendas, ni te quites el sueño. Todo eso, es solo la opinión de alguien más. La principal motivación viene de adentro.

∞∞∞∞

Haz una lista de 5 razones para estar bien: ¿Cuáles son las tuyas? Cualesquiera sean tus razones, asegúrate de que te den paz, felicidad, amor y satisfacción.

∞∞∞

Resucita en ti la alegría, el amor y las ganas de vivir.
Abre tu corazón a todo lo bueno que el Universo tiene
para ti. ¡Celebra la vida!

∞∞∞

Asegúrate que el combustible que haga mover tu
maquinaria para alcanzar tus propósitos de vida sea
uno de puro positivismo. El combustible de la
negatividad corroe hasta el alma.

∞∞∞

¡No te rindas! Si ese sueño o proyecto de vida arde y
está vivo dentro de ti… sigue adelante.

∞∞∞

No es suficiente con superar las adversidades, debes
aprender de esas experiencias, sacar la lección y
felicitarte por superarlas y seguir hacia adelante.

∞∞∞∞

No esperes a que las circunstancias negativas cambien por sí solas. Haz la tarea y crea las circunstancias positivas que quieres para tu vida.

∞∞∞∞

Declara y siembra en tu mente la visión del gran ser humano que eres y de los grandes logros que puedes alcanzar. ¡Nada es imposible, ponte en acción!

∞∞∞∞

Tú eres la luz de tu vida. La fuente de energía que ilumina tu mundo, tu vida y tu alma está dentro de ti. ¡Eres un ser de luz!

∞∞∞∞

Tu desesperación puede ser tu inspiración. La esperanza de un presente y un futuro mejor ya está en ti. ¡Ánimo!

∞∞∞

*Eleva tu energía y vibración. Encuentra y practica actividades y proyectos que hagan latir tu corazón intensamente. Inyéctale amor a lo que haces.*

# Mentalidad positiva

Todos en la vida necesitamos de un psicólogo, de un terapeuta de la mente. Está bien y es muy importante cuidar de nuestro cuerpo físico, pero, casi siempre, olvidamos lo importante que es cuidar de nuestra salud mental. Un indicador de la escasa importancia que se brinda a la salud mental lo constituyen los presupuestos gubernamentales de las instituciones de salud pública. A lo mejor en tu país sea diferente, pero en mi país el presupuesto destinado a la salud mental es muy, muy bajo.

Además del poco acceso a los servicios de salud mental, hay que agregar que ir al psicólogo o al psiquiatra es un tema tabú en muchos lugares. Se tiene la idea incorrecta de que ir al psicólogo es "cosa de locos". Y esto no es así. Mi viaje en la vida me llevó a tomar, un buen día, la decisión de tomar terapia psicológica y esto es algo que he venido haciendo por varios años. Debo decir que esta ha sido una de las mejores inversiones y decisiones de mi vida. Cuando veo hacia atrás, creo que la decisión y la acción de ir a la terapia psicológica es un acto de amor. Un acto de amor por nosotros mismos. Muchos especialistas, motivadores, líderes espirituales, gurús, hacen énfasis en la importancia de cambiar nuestra mentalidad y tienen razón; pero me parece que algo como eso es producto de un proceso consciente y de amor por uno mismo.

La ayuda de un terapeuta de la mente es trascendental en nuestras vidas, porque nos ayuda a sanar el pasado y a estar en paz en el presente. Se requiere de disciplina y amor propio tomar el camino y la decisión de sanar nuestra mente. Es absurdo querer estar en paz y tener una mentalidad positiva queriendo cambiar las situaciones y las personas a nuestro alrededor, sin darnos cuenta de que lo que tenemos que empezar a cambiar es nuestra mentalidad. En nuestra mente se aloja aquello que nos mueve o nos detiene en la vida. La mente no es buena ni mala por sí misma, es una herramienta poderosa que tenemos todos los seres y reside en nosotros la responsabilidad usarla para algo positivo o bien para lo negativo. El problema es que muchos no quieren ser responsables de sí mismos y viven echando culpas a los demás de lo que les pasa.

Cuando nos hacemos responsables de nosotros mismos, empezamos a cambiar nuestra mentalidad. El miedo, la frustración, el fracaso, la decepción, la tristeza, el dolor y muchas otras situaciones que nos pueden afectar negativamente en la vida, tocarán a nuestra puerta de cuando en cuando; pero cuando tenemos una mentalidad positiva dejamos de revolcarnos en las situaciones dolorosas y, en cambio, estamos dispuestos a realizar todo aquello que haya que hacer para estar mejor. Cuando tenemos una mentalidad positiva empezamos a ver a las cosas, personas y/o situaciones tal cual son, dejamos de nadar contra la corriente y aprendemos a sacar lo mejor de nosotros mismos.

Los únicos responsables de qué pasa en nuestra mente somos nosotros mismos. Nadie más. Es verdad, hay por allí muchos actores invirtiendo cantidades de dinero todos los días para moldear tu mentalidad, tus pensamientos, tus emociones y tu comportamiento. Sin embargo, es solo nuestra responsabilidad decidir qué pensar, sentir y cómo comportarnos en la vida. Cuidemos y cultivemos nuestra mente, es el tesoro más grande que toda persona tiene en su vida.

Tener una mentalidad positiva y una mente sana es una decisión consciente. ¡Despierta! Ponte en acción y cuida de tu mente... Si has llegado hasta aquí, es porque quieres despertar y tener una mentalidad diferente y positiva para tu vida. Dite este mantra todos los días y créelo: YO SOY el único responsable de lo que pasa en mi mente y elijo tener una mentalidad sana y positiva.

A continuación, te dejo algunas frases que espero contribuyan a hacerte más consciente y reflexionar respecto a la importancia de tener una mentalidad positiva y una mente sana. Recuerda repetir el mantra: YO SOY el único responsable de lo que pasa en mi mente y elijo tener una mentalidad sana y positiva.

*El mago de tu vida eres tú mismo. Irradia tu magia.*
*Conviértete en el único y verdadero Rey de tu mente.*

∞∞∞∞

*Un pensamiento negativo puede asesinar una*
*fantástica idea en tu mente. ¡Cuida lo que piensas!*

*Entrena tu mente para ver las cosas de forma diferente; entrénala para encontrar lo positivo aún en aquellas situaciones "tormentosas" que vienen a tu vida.*

∞∞∞

*Así como llevas tu carro a un servicio rutinario, date un tiempo y atrévete a llevar tu mente a un "servicio" o a un proceso de sanación. ¡Busca y encuentra la paz y la salud mental!*

∞∞∞

*Tu mente es especialista en hacer viajes al pasado o viajes al futuro. No lo permitas. Entrena tu mente a vivir y a estar en el presente.*

∞∞∞

*Nutre tu cerebro, cuida tu mente. La desnutrición mental es el origen de muchas tragedias sociales.*

*¿Qué incluye tu dieta emocional? Si te atiborras de emociones tóxicas, acabaras con tu vida más rápido de lo que crees. ¡Quiérete mucho, cuida tu dieta emocional!*

∞∞∞

*Renuncia a la necesidad de vivir en el futuro. Renuncia a la necedad de vivir en el pasado. Solo existe este momento presente. ¡Vívelo conscientemente!*

∞∞∞

*No verbalices la negatividad, sácala de tu mente. En cambio, pronuncia y verbaliza lo positivo. Tus pensamientos y tus palabras tienen poder.*

∞∞∞

*Hoy es un buen día para purificar tu mente. Así como limpias tu casa, tomate el tiempo para limpiar tus pensamientos y llevar salud a lo más poderoso que posees: tu mente.*

∞∞∞∞

Procura que en todos tus días haya palabras y mensajes de esperanza. ¡Tu vida, mi vida y la de los demás puede ser mejor!

∞∞∞∞

Tú eres el rey del reino más grande y valioso en tu vida: tu mente. ¡Cuida tu reino mental!

∞∞∞∞

Saca de tu mente todo eso que envenena y destruye tu vida y ábrele la puerta a nuevos pensamientos y hábitos que te harán ser mejor persona y ser humano.

∞∞∞∞

Tienes una mente creadora y transformadora. ¡Créelo! Crea y transforma tu realidad.

*Tú no puedes salir del hoyo y la oscuridad en que te encuentras si sigues pensando de forma negativa sobre ti mismo. Empieza por quererte y cambiar tu mentalidad respecto a ti mismo. ¡Ánimo!*

∞∞∞∞∞

*La persona que eres hoy es el resultado de la mentalidad y los hábitos que tienes. ¿Quieres algo diferente? Entonces empieza por cambiar tu mentalidad y tus hábitos.*

∞∞∞∞∞

*Nuestro interior puede ser el paraíso mismo o bien un verdadero infierno. Y tu vida exterior, en realidad solo es un reflejo de lo que vives y pasa dentro de ti.*

∞∞∞∞∞

*La única cárcel de tus sueños es aquella que te impones tú mismo. ¡Deja de ser tu propio carcelero, libera tu mente!*

¿Tienes una dieta mental? Alimenta y nutre tu mente todos los días. Dale dosis de paz, amor, comprensión, alegría y mantenla en equilibrio.

∞∞∞∞

Tus actos y tu comportamiento son solo el fruto de la buena o mala semilla que has plantado en tu mente. ¡Cuida tus pensamientos!

∞∞∞∞

La purificación personal para estar bien y ser felices en la vida empieza en la mente. ¡Limpia y cuida tu mente! ¡Hazla brillar!

∞∞∞∞

Tienes contigo la mina más grande, valiosa y hermosa del planeta: tu mente. Explórala y descubre los diamantes y el oro de ideas que hay en ella.

Tu mente es una fábrica, un laboratorio donde se producen y procesan ideas, pensamientos. Asegúrate de que el producto que salga de tu mente sea de calidad.

$$\infty\infty\infty$$

Anticípate a lo bueno para tu vida. Créalo en tu mente y lo veras hecho realidad pronto.

$$\infty\infty\infty$$

Lo que crees que es imposible, puede ser posible si lo crees y lo creas. ¡Cree en ti!

$$\infty\infty\infty$$

Imagina tu mente como un jardín: ¿Está esa mente como un jardín lleno de plantas y flores hermosas, coloridas, vibrantes y perfumadas o, en cambio, está llenos de plantas y flores secas, sin vida y en agonía? Tú decides, tú eres el jardinero de tu vida.

*Todo lo que pienso, eso es lo que recibo. Por eso, evita enfocarte en crear y tener pensamientos negativos; por el contrario, entrena a tu mente a enfocarse en ideas y proyectos positivos que te inyecten buenas vibras y energías. ¡Ánimo!*

∞∞∞∞

*Seamos sinceros: la vida no es fácil. Por ello, entrena a tu mente para ser una campeona superando obstáculos.*

∞∞∞∞

*Saca la basura de tu mente, de la misma forma que sacas la basura de tu casa. Realiza tu limpieza mental.*

∞∞∞∞

*Vivir feliz, lleno de amor y vibrante es una decisión y empieza a hacerse realidad en tu mente. ¡Cuida lo que piensas de ti!*

# Parte 3

## Administración del tiempo

Aprender a administrar el tiempo es algo que debería de enseñarse en los sistemas educativos. Con suerte, en algunos programas universitarios de administración de negocios es posible que se dedique algunos contenidos y espacios para aprender algo tan importante y crucial en la vida: gestionar el tiempo. Cuando tomamos consciencia de la importancia del tiempo y de administrarlo de la mejor manera posible, nuestra vida empieza a cambiar. Cuando aquello ocurre, empezamos a vivir cada segundo, cada minuto y cada hora de nuestra vida con propósito.

Mi despertar y toma de consciencia de la importancia de administrar el tiempo llegó de una forma inesperada y muy particular. Hace algunos años, apliqué a una entrevista de trabajo y como parte del proceso de selección, los potenciales candidatos pasábamos por una entrevista realizada por un Comité Evaluador. Durante mi entrevista, uno de los integrantes del Comité me preguntó a quemarropa: ¿Cómo administra el tiempo Bequer? Luego de haberme preparado para la entrevista, leyendo y evaluando aspectos de la empresa y de otros temas relacionados al perfil del puesto, aquella pregunta me dejó en shock por un momento, pero retomé el control y acabé respondiendo algo que, creo yo, satisfizo a este y los demás entrevistadores porque acabé siendo la persona seleccionada para la posición por la se competía.

Aquella pregunta me hizo despertar. Hizo posible mejorar mi relación con el tiempo y darme cuenta de la importancia de una adecuada administración de éste. Después de aquel episodio, empecé a leer y devorar libros, artículos y otros materiales dedicados a abordar la importancia de la administración del tiempo y algunas herramientas para ello. Mi vida ha cambiado sustancialmente desde aquella ocasión.

El tiempo es un recurso y es un recurso al cual todos los seres humanos tenemos acceso en la misma proporción cada día de nuestra existencia. La gran diferencia radica en cómo administramos ese tiempo. En la época en la que vivimos y en la cual existe mucha agitación y fanatismo por lo "rápido", es importante entrenarnos y adquirir la habilidad de no distraernos en cosas, situaciones y personas que no están alineadas con nuestro propósito de vida. Cada segundo, cada minuto, cada hora de nuestra existencia es un gran regalo del Universo y debemos valorarlo. Revisa tu agenda, hazle una limpieza profunda y comprométete contigo mismo a incluir en ella solo aquello importante y valioso para tu vida y que te ayudará a ser mejor persona, mejor ser humano y feliz.

Tener una agenda "llena" y ocupada no significa que estemos administrando bien el tiempo. Si en esa agenda llena lo que hay es espacio para cosas, situaciones y/o personas tóxicas, en realidad lo que estás haciendo es desperdiciar lo más valioso: tu tiempo de vida. Una buena administración del tiempo también implica estar presente y vivir en el Aquí y Ahora. Como seres humanos es muy común que nos volvamos adictos a vivir en el pasado o en el futuro: es decir, nos condenamos a vivir en tiempos que no existen. El pasado ya no existe y el futuro aún no ha llegado. En la medida que cambiamos nuestra relación con el tiempo y lo vivimos con intención y propósito, cambia nuestro presente y también mejorará nuestro futuro. Pero esto implica decisión, compromiso y disciplina.

Cultiva en ti la habilidad de administrar bien el tiempo.

Sentirnos y llegar a ser buenos administradores de nuestro tiempo implica despertar... Si has llegado hasta aquí, es porque quieres tomar consciencia y aprovechar cada segundo, cada minuto, cada hora, cada día que te regala el Universo. Dite este mantra todos los días y créelo: YO SOY un buen administrador de mi tiempo.

A continuación, te dejo algunas frases que espero contribuyan a hacerte más consciente de la importancia de administrar el tiempo. Recuerda repetir el mantra: YO SOY un buen administrador de mi tiempo.

*Tu agenda diaria será el mejor referente para revisar si estás en la senda de alcanzar lo que te propones. Valora tu tiempo, cuida qué y a quién incluyes en tu agenda.*

∞∞∞

*Dedica unos minutos en tu agenda para pensar en ideas y acciones que te ayuden a cambiar y lograr una mejor versión de tu vida. Ponte en acción y aprovecha* bien tu tiempo, las ideas y buenas oportunidades difícilmente llegarán a los perezosos.

∞∞∞

El tiempo es precioso. No lo desperdicies tratando de convencer a quien no te quiere oír o en cosas inútiles para tu vida. Valora tu tiempo más que el oro.

∞∞∞

Si estás dispuesto a trabajar e invertir tu tiempo para alguien más, asegúrate de apartar tiempo para trabajar e invertir en ti y ser un mejor ser humano.

∞∞∞

Toma las principales decisiones del día en las primeras horas de la mañana. Evita tomar las grandes decisiones cuando ya estés cansado, estresado o agobiado.

∞∞∞

*Algo valioso que puedes donar es tu tiempo. Involúcrate en alguna causa y expande tu luz y tu aporte en esta vida.*

∞∞∞∞

*¿Qué es lo que quiero lograr este día? Hazte esa pregunta bien temprano, todos los días. ¡Enfócate!*

∞∞∞∞

*Ocúpate de que las cosas correctas se cumplan y fluyan y deja que lo superficial vuele por sí mismo.*

∞∞∞∞

*No te metas en batallas que no están alineadas con tu propósito de vida. No te desenfoques y elige bien tus batallas. ¡Invierte bien tu tiempo y energía!*

∞∞∞∞

*Hazte un favor: no te dejes atrapar por batallas, personas y distracciones que te alejan de tu meta y destino de vida. ¡Enfócate en crecer como persona!*

∞∞∞∞

Date la oportunidad y el tiempo de hacer ajustes en tu vida. Abre las puertas de tu vida a algo nuevo. Renovarse de cuando en cuando es parte de vivir con propósito y crecer como personas.

∞∞∞∞

¿Quién quieres ser hoy? Hazte esa pregunta todos los días. Te ayudará a trazar tu día y llevar el control de tu vida.

∞∞∞∞

Un mejor día y un mejor futuro para ti comienzan haciéndote mejor persona, mejor ser humano. ¡Dedícate tiempo!

∞∞∞∞

Aparta tiempo en tu agenda para estar con las personas y hacer las cosas que importan en tu vida.

∞∞∞∞

*Enfócate en tener, implementar, alimentar y mantener la disciplina que te ayude a alcanzar todo aquello que te propones.*

∞∞∞∞

*Acéptate. Acepta los talentos que el Universo te dio. No luches ni desperdicies tu valioso tiempo tratando de imitar o pretendiendo ser "igual" a otros. ¡Construye tu propia ruta de vida!*

∞∞∞∞

*No disperses tu energía y potencial en muchas cosas a la vez. Elige lo realmente importante y enfócate en alcanzar eso.*

∞∞∞∞

*¿Sientes que te está yendo bien en la vida y acabas de alcanzar una meta más? Felicidades. ¿Ahora qué sigue? Traza nuevos retos, nuevas metas y mantente enfocado.*

∞∞∞∞

*¿Estás alcanzando tus metas de vida? Si no estableces un parámetro y ejercicio de medición periódico es imposible establecer si estás avanzando o retrocediendo. Mide y evalúa tu grado de avance periódicamente (trimestral, semestral o anualmente, lo que mejor se ajuste a tus necesidades).*

∞∞∞∞

*Nadie se hace "bueno" en algo por arte de magia. Hay que invertir tiempo, disciplina y esfuerzo en capacitarte y lograr ser la mejor versión de tu vida.*

∞∞∞∞

*Hacerte esclavo de lo "urgente" y olvidarte de lo realmente importante te traerá resultados miserables. Clarifica qué es lo importante en tu vida y vuélcate con toda tu energía para lograrlo. ¡Ánimo!*

∞∞∞∞

*En estos tiempos del "trending topic", de mucha información y velocidad extrema, es importante entrenarte para adquirir la habilidad de no distraerte.*

∞∞∞∞

*Nuestro tiempo en este viaje llamado vida no es ilimitado. No desperdicies tu tiempo en distracciones inútiles o dando respuestas a las críticas de los demás. ¡Valora cada hora de tu vida!*

∞∞∞∞

*En la vida te vas a encontrar con personas "creativas" que encuentran el tiempo, los recursos y los argumentos para pelear contigo. Hay que aprender a no distraerse en peleas estériles. El tiempo y la energía son muy valiosos y hay que invertirlos en ganar nuestras batallas y propósito de vida.*

∞∞∞∞

*Un día productivo no empieza al abrir tus ojos y despertar en la mañana. Un día productivo comienza planificándolo antes de que ocurra. ¡Tu tiempo es oro, inviértelo bien!*

∞∞∞∞

Mi tiempo y tu tiempo es tan valioso como para perderlo en cosas, personas o situaciones sin sentido. ¡Cuida tu mundo!

∞∞∞∞

En aquello que te enfocas y fijas tu atención, hacia allí va tu energía. Asegúrate de estar enfocado y fijar tu atención en todo lo positivo. ¡Enfócate, y se imparable!

∞∞∞∞

¿Tienes una agenda "llena" y terminas exhausto, pero insatisfecho con los avances? ¡Cuidado! Estar ocupado no significa ser productivo, revisa tus prioridades.

∞∞∞∞

Haz un esfuerzo y abandona por un buen rato el teléfono, la TV o cualquier otra distracción. Dedica un tiempo para estar mental, emocional y físicamente con alguien que ames.

∞∞∞

En medio de tanta distracción es fácil desenfocarse.
Evita ser presa de la distracción: monitorea tus
prioridades del día, pero haz corte de caja trimestral o
anualmente y revisa tus resultados.

∞∞∞

Agrega en tu agenda un tiempo para caminar descalzo
en el bosque, para abrazar un árbol y recargarte de
energía con las maravillas del Universo.

∞∞∞

¿Quieres avanzar y terminar ese proyecto que te
provoca cosquillas en el estómago? Entonces
enciérrate, vuélvete un poco más solitario y noquea las
distracciones inútiles.

∞∞∞

Aparta tiempo para conocer nuevas personas, ir a
lugares y hacer cosas diferentes. Es un entrenamiento

*para adaptarte al cambio y abrirle tus brazos a la diversidad. ¡Abre tu mente!*

*Las decisiones que tomas a cada hora, cada día, son las que moldean el panorama de tu futuro. Si quieres un futuro mejor, empieza a cambiar hoy.*

# Liderazgo

Casi siempre al leer o escuchar algo respecto al liderazgo, se hace referencia a la habilidad de una persona de influir en otras personas y guiarlas, con motivación, hacia el alcance de ciertos fines, metas u objetivos. Y eso es correcto, pero solo de forma parcial. En mi opinión, diría que el liderazgo tiene una faceta externa y una interna. Comúnmente, y a la que la mayoría suele referirse es a esa versión externa, que se concreta cuando somos capaces de "influir en otros". Pero me parece que la faceta más importante del liderazgo es la interna. Es la capacidad y habilidad de influir en nosotros mismos y estar en control de nuestra motivación. Un líder que no se lidera a sí mismo es débil; es un líder de paja, que caerá a la primera tempestad que se aparezca en su vida y quehacer. El poder que necesitas para avanzar en la vida viene de adentro y ya reside en ti.

El liderazgo implica ambición. Y ser ambiciosos no es malo. Para alcanzar grandes logros es importante tener internamente un deseo ardiente de aspirar a lo mejor. Quien aspire a ser líder debe tener claro que eso significa esfuerzo, dedicación, disciplina, perseverancia, constancia e, incluso, mucha soledad. Aunque requiere esfuerzo y perseverancia, el liderazgo se trata de hacerte la vida más fácil y también a tu entorno. Aquella persona que se sabotea a sí misma y a sus seguidores no cabe dentro de la definición de "líder". Hazte la vida más fácil, sonríe más y disfruta del proceso de alcanzar grandes logros. Es verdad, hay líderes serios, reservados, aislados y muy tímidos, pero aún en ellos la decisión de sonreírle a la vida es clave para avanzar en el camino.

No se puede liderar a un grupo si no eres consciente de quién eres. Tener claras tus fortalezas y debilidades es clave para potenciar aquello en lo que eres bueno y pedir ayuda y apoyo en aquellas áreas en las que sabes que no eres el mejor. Por eso para ser líder también se necesita de humildad. Humildad para aceptar que no lo sabemos todo ni sabemos hacer de todo. Humildad para reconocer que hay otras personas brillantes y talentosas que pueden ayudarnos. De hecho, la energía del líder se potencia y crece en la medida que su propia energía atrae y mantiene en alta vibración la energía de otros seres de luz y talentos.

El liderazgo es también apoyar el crecimiento de los demás. Es dedicar tiempo y dar consejo a aquellos que necesitan luz para encontrar su camino y propósito de vida. Un líder debe tener la cualidad y la capacidad de estar en disposición de ser superado por sus seguidores. Toda entidad, corporación, gobierno, partido político, iglesia o cualquier otro grupo social que quiera ser un referente de liderazgo en la sociedad debe formar y actualizar permanentemente a sus líderes, tanto a los de hoy como los líderes del mañana.

Si eres un líder o están en proceso de serlo, date la oportunidad de fracasar. Date la oportunidad de caer, pero ten siempre el coraje de levantarte y seguir adelante. La incertidumbre, la vulnerabilidad, el miedo, el fracaso, el dolor y otros compañeros suyos, siempre harán lo imposible para tocar a tu puerta y entrar en ti. Más allá de perder energía luchando contra ellos, acepta que siempre rondarán cerca de ti y vuélvete un maestro alejándoles de tu vida. ¡Recuerda, para liderar a otros, antes debes aprender a liderarte a ti mismo! Dite este mantra todos los días y créelo: YO SOY líder.

A continuación, te dejo algunas frases que espero contribuyan a hacerte más consciente del líder que eres. Recuerda repetir el mantra: YO SOY líder.

*El liderazgo no se obtiene en un retiro de 2 días. El músculo del liderazgo lo obtienes y lo fortaleces como cuando vas al gimnasio a entrenarte: con disciplina, constancia y paciencia.*

∞∞∞

*El sistema no te enseña a ser un líder, en cambio te enseña a ser un "seguidor". Es tu responsabilidad dar el primer paso y ser tu propio líder y, después, el líder de otros.*

∞∞∞

*Tu dignidad es tan valiosa como la de tu prójimo. No pretendas crecer a costa de pasar por encima de la dignidad de otros, el Universo te pasará la factura.*

*La simplicidad es poderosa. Cultiva la simplicidad y tenla en tu caja principal de habilidades y herramientas.*

*Convierte en el líder de tu propia inspiración. No te dejes arrastrar por la muchedumbre, convierte en tu propio líder.*

∞∞∞∞

*No te conformes con resultados "estándar". Aléjate de la mediocridad. Saca todo el potencial que hay en ti. ¡Eres un ser único y excepcional!*

∞∞∞∞

*No te unas a la muchedumbre que celebra la mediocridad y lo superficial. Esfuérzate por dar y ser lo mejor y, especialmente, esfuérzate por ser auténtico.*

∞∞∞∞

*El mundo necesita personas con disciplina y perseverancia, que finalicen lo que empiezan. ¡Sé un hacedor, no solo un soñador!*

∞∞∞∞

*Las conexiones importan. Dedica tiempo para tejer tu red de contactos con la delicadeza y majestuosidad con la que una araña teje su red.*

∞∞∞∞

*¿Cuál es tu estilo personal de liderar, vestir, comer, etc.? Construye tu propio estilo personal.*

∞∞∞∞

*Entrénate en celebrar las pequeñas victorias, para luego celebrar como un maestro las grandes victorias.*

∞∞∞∞

*Ser un líder es un estilo de vida. Ser líder es ser un estudiante de la vida y crecer para ser mejor persona y apoyar a otros.*

∞∞∞

*Para ser un maestro, antes tuviste que ser un estudiante y aprender. No pretendas dar lecciones de la vida si antes no has aprendido a hacerte con el control y dirección de tu vida.*

∞∞∞

*Somos imperfectos, sí. Cometemos errores, sí. Date el permiso de ser imperfecto y cometer errores. Si no te equivocas, es porque no estás haciendo nada en tu vida.*

∞∞∞

*Tú no puedes saber si vas ganando (o perdiendo) el juego de la vida si no llevas un marcador. ¡Mide tus avances!*

*Es ingenuo pensar vivir en un pueblo y país empoderado si antes no te has empoderado tú mismo de tu vida.*

*Nunca te conformes, aún si crees que has llegado a lo más alto en tu vida. Siempre puedes estar mejor.*

∞∞∞∞

*A veces nos cuesta mucho, pero hay que aprender a cerrar más la boca y entrenarnos para escuchar, observar y aprender a hablar de último.*

∞∞∞∞

*Las preguntas y respuestas más importantes en tu vida no vienen de afuera, vienen de adentro. Date el tiempo para cuestionarte y darte las respuestas más importantes de tu vida.*

∞∞∞∞

*Todos somos especiales. Todos tenemos algo especial. ¿Sabes con claridad por qué eres especial?*

∞∞∞

*No pelees, no gastes energías, ni te distraigas en batallas que no están alineadas con tus objetivos y propósito de vida. Meterte en batallas que no son tuyas o inútiles, es soltar tu poder y darle rienda suelta a la distracción. ¡Cuidado!*

∞∞∞

*Nadie nace siendo disciplinado. La disciplina es algo que aprendes y la incorporas a tu vida. ¡Abraza la disciplina!*

∞∞∞

*La inversión más importante de tu vida es aquella que haces en ti para ser mejor persona.*

∞∞∞

Los malos hábitos te dan "satisfacción o placer" inmediato; los buenos hábitos te dan satisfacción en el mediano y largo plazo y requieren disciplina y constancia.

∞∞∞∞

Como líder –de tu negocio, de tu familia o grupo social- una de tus principales tareas es reconocer y abrazar la creatividad.

∞∞∞∞

Los verdaderos líderes son seguros de sí mismo y no tienen temor a ser opacados por alguien más; un verdadero líder abre y genera espacios para que otros brillen.

∞∞∞∞

Como el caso de un maestro de danza, la tarea del líder es lograr hermosos bailes y coreografías, logrando para ello la cooperación y compromiso de varios egos que brillan más y mejor en equipo.

∞∞∞∞

*Tus principales armas para avanzar en la vida y alcanzar lo que te propones son la disciplina y autocontrol, vuélvete un experto usándolas.*

∞∞∞∞

*La disciplina y el autocontrol son como un buen fertilizante orgánico, que van a permitir lograr una buena y especial cosecha.*

∞∞∞∞

*Aunque parezca contradictorio, el liderazgo es un deporte para solitarios. ¡No le temas a la soledad!*

∞∞∞∞

*Protege, mejora y defiende el proceso: los resultados que alcances como líder se defenderán solos.*

*Imagina el final feliz de esa idea o proyecto que tienes en mente. Con esa claridad, el trayecto hacia la meta lo sentirás excitante, retador y emocionante. ¡Clarifica tus llegadas!*

∞∞∞

*El sistema educativo y las opiniones de los demás te insisten en "qué" pensar, pero no te enseñan "cómo" pensar. No quieren gente que piense, quieren gente que obedezca. Es tu responsabilidad tomar el control y decidir cómo pensar.*

∞∞∞

*No te metas en el "negocio" de las excusas, acabarás en bancarrota. En cambio, se un ejecutor proactivo y ejemplar.*

∞∞∞

*Aunque no lo quieras, de cuando en cuando te aparecen enemigos en el camino. Da gracias al Universo por ellos, pueden ser un resorte para elevarte en tu viaje. ¡Mándales mantras de agradecimiento y compasión!*

∞∞∞

No esperes a que un "héroe" externo te ayude, saca a relucir el héroe que ya vive en ti. ¡Brilla!

∞∞∞

¿Cuál es tu visión personal, la de tu familia, la de tu comunidad, la de tu país? Cuando tienes una visión y una meta todo se vuelve más claro y fácil de alcanzar.

∞∞∞

Hacer bien las cosas pequeñas, es un entrenamiento para hacer bien las cosas grandes e importantes. ¡Aspira a la excelencia!

∞∞∞

Aunque el liderazgo implica cierta soledad para el líder, también es cierto que nadie cambia el mundo y las cosas en soledad. Si quieres realizar grandes cambios, vas a necesitar personas que remen en la misma dirección que tú. ¡Construye tu tribu del éxito!

∞∞∞∞

Los perezosos huyen de la responsabilidad y del liderazgo, les aterra lidiar con la incertidumbre. Tú, en cambio, toma la responsabilidad y se un hacedor. ¡No importa si te equivocas, el error es un gran maestro!

∞∞∞∞

¿Quieres ganarle a alguien? Entrena mucho y vence a tu ego, todos los días.

∞∞∞∞

Prepárate para estar listo para las oportunidades que te manda el Universo. El Universo no te mandará cosas grandes si no estás listo para abrazar y superar las cosas pequeñas.

∞∞∞∞

Las oportunidades no son para aquellos que se esconden. Sal de tu escondite, confía en ti y muéstrate al mundo. ¡Las oportunidades llegarán!

# Éxito

Hay muchas definiciones del éxito, pero la definición más importante es aquella que damos nosotros mismos. En las siguientes líneas encontrarás algunos pensamientos y reflexiones respecto al éxito; es posible que alguna te haga "click" y resuene en tu mente. Pero recuerda, la definición más importante del éxito es aquella que damos nosotros mismos. Para alguien la expresión concreta del éxito es ser un padre o una madre amorosa que cuida de sus hijos. Para otros, el éxito puede ser alcanzar la cima en la jerarquía de la empresa o la organización en la que trabajan. Para alguien más, el éxito puede estar reflejado a través de la mejora en la calidad de vida de otras personas. En el éxito, evidentemente hay un sentido de logro y alcance de resultados que nos llenan de vida, de energía, de entusiasmo y alegría.

Creo que la expresión más sublime del éxito es la felicidad. No se puede ser exitoso en la vida sin ser feliz. Y como la felicidad puede tener diferentes rostros y expresiones, sentirse feliz y exitoso solo será posible cuando estamos en paz con lo que somos y con lo que hemos alcanzando.

El éxito en esta vida se alcanza en la medida que despertamos y encontramos nuestro propósito de vida. Es triste vivir sin haber vivido y cumplido la misión para que la que venimos a este mundo. Nuestra presencia en esta tierra no es casualidad. Por ello, considero que la senda del éxito la empezamos a caminar cuando decidimos conscientemente a buscar respuestas a preguntas existenciales como: ¿Quién soy? ¿Cuál es mi propósito de vida? Una vez tenemos las respuestas, lo importante es vivir en coherencia con ellas.

Aunque el éxito tiene paradas y momentos especiales, en mi opinión el éxito terrenal empieza desde que nacemos y se termina hasta el momento en el que tomamos nuestro último aliento de vida. Sí, nacer y estar en esta tierra te convierte ya en un éxito y en una maravilla del Universo y de la naturaleza. Por eso creo que el éxito no es un punto de llegada; en cambio, es un viaje permanente que realizamos a lo largo de nuestra vida y existencia. El éxito personal empieza cuando nos encontramos a nosotros mismos y nos aceptamos tal como somos y vivimos en consecuencia de ello.

El éxito es una conquista mental. Cuando vivimos y disfrutamos de la senda del éxito entendemos que somos merecedores de lo mejor que el Universo tiene para nosotros, aprendemos a eliminar las creencias limitantes de nuestra mente y nos abrimos a las grandes oportunidades de la vida. Vivir en sintonía y vibración con el éxito implica estar conscientes de que somos merecedores de lo mejor.

En el viaje de una vida exitosa siempre habrá contratiempos y sucesos inesperados que la mayoría suele calificar como "fracasos". En realidad, creo que el fracaso es parte de ese viaje y superarlo es lo que nos hace sentir más fortalecidos. Solo aquellos dispuestos a superar el "fracaso" alcanzan eso que denominamos éxito.

Sentirnos merecedores del éxito, de todo el éxito que el Universo tiene preparado para nosotros implica despertar… Si has llegado hasta aquí, es porque quieres despertar y encontrar tu propia senda del éxito, quieres tomar consciencia y sentirte merecedor del éxito que ya reside en ti. Dite este mantra todos los días y créelo: YO SOY exitoso. ¡Créelo, el éxito empieza en la mente!

A continuación, te dejo algunas frases que espero contribuyan a hacerte más consciente del Ser de éxito que eres. Recuerda repetir el mantra: YO SOY exitoso.

*El "éxito" no es punto de llegada. Por el contrario, es un viaje, es un proceso en constante evolución. El viaje tiene paradas que denominamos "metas"; pero una vez que alcanzas una meta, vas por otra y por otra.*

∞∞∞

*Los "títulos" y los diplomas que cuelgan en tu sala u oficina no son el símbolo del "éxito" en la vida, ellos solo acreditan tu esfuerzo y perseverancia por completar un programa de estudios o entrenamiento.*

∞∞∞

*El "éxito" es un juego que empiezas a ganar en la mente. Suelta las ideas y las creencias perdedoras, sácalas de tu mente. Resetear nuestra mente y entrenarla para el éxito lleva tiempo, esfuerzo y constancia y es algo cíclico.*

∞∞∞∞

Los asientos en el avión para ir hacia el éxito son para aquellos que diligentemente han hecho su reserva, han pagado su boleto, han preparado su maleta y están dispuestos a disfrutar del viaje.

∞∞∞∞

¡Equivócate en grande! No temas. El tamaño de tus errores es solo el prólogo de la grandeza de tu éxito.

∞∞∞∞

El "éxito" no es algo que alcanzas al llegar a la cima de una montaña o de tu carrera. El éxito es algo que creas y crees que es lo mejor en tu vida, y que te permite estar alineado con tu esencia y tu propósito de vida.

∞∞∞∞

No vas a salir de donde estás si sigues pensando y aprendiendo lo mismo. Date tiempo, invierte recursos en ti para adquirir nuevas habilidades, conocimientos,

competencias. Para los que buscan el éxito el
aprendizaje nunca termina.

∞∞∞

Quejarte y quedarte de brazos cruzados solo te lleva a
tener una vida miserable. ¡Despierta! A veces es
doloroso actuar y es verdad que requiere esfuerzo y
disciplina tener la vida que deseas. ¡Ponte en acción!

∞∞∞

Puedes sentarte y pedir a la buena suerte algo mejor,
pero eso no te moverá de donde te encuentras
actualmente. Para avanzar debes estar dispuesto a
hacer la tarea y ejecutarla diligentemente.

∞∞∞

El "éxito" es algo tan subjetivo o relativo. Lo
importante es identificar cuál es tu definición de éxito,
trazar la ruta para alcanzarlo y disfrutar el viaje.

*La felicidad no se alcanza al llegar a la cima del "éxito", la felicidad y la paz contigo mismo es la ruta para una vida exitosa.*

∞∞∞∞

*Imagina el fracaso como aquel vuelo por el que no lograste la conexión, en tiempo, para llegar al lugar de tu destino final. Ten paciencia, es solo cuestión de tiempo para que llegue otro avión y te lleve en un vuelo exitoso. ¡Ánimo!*

∞∞∞∞

*Para aquellos dispuestos a alcanzar el éxito, el entrenamiento y el aprendizaje nunca terminan. ¡Disfruta el viaje!*

∞∞∞∞

*Tu reacción frente al fracaso importa más que tu reacción frente al éxito. ¡Si te caes, levántate y sigue el viaje!*

*El juego que más amor y pasión debe de despertar en nuestras vidas es el amor al juego de la vida. ¡Disfruta el juego!*

∞∞∞∞

*Si quieres alcanzar grandes logros en tu vida, empieza por cuidar tu salud, tu cuerpo, tu templo. Sería muy triste que, en el largo plazo, observes tus logros desde un lecho de enfermo y en agonía. ¡Quiérete mucho!*

∞∞∞∞

*El inicio de la ruta hacia el éxito es confiar y abrirte a las posibilidades del Universo y creer que ese éxito es posible. ¡El éxito empieza en tu mente!*

∞∞∞∞

*Se vale equivocarse. La siguiente vez, equivócate mejor. Y, continúa así hasta equivocarte con éxito y más éxito.*

∞∞∞∞

Deja a tu silencio hacer todo el ruido de tu éxito y de
tu verdad.

∞∞∞∞

¿Qué es el éxito para ti? Hazte esa pregunta y
asegúrate que la respuesta sea algo que te llena, que te
inspira y te haga feliz.

# Parte 4

## Paz personal

¿Es posible la paz personal? Yo creo que sí. Aunque es muy cierto que a lo largo de nuestra vida atravesaremos por conflictos y dificultades que perturbarán esa paz. Es muy utópico pensar que no pasaremos por algún conflicto en nuestras vidas, por eso creo que el reto individual está en cómo lograr que el mayor tiempo de nuestra vida y existencia en esta tierra sea de paz y no de turbulencias de ningún tipo. Por ejemplo, si nuestra vida dura 90 años o más, el reto será cómo lograr que la mayor cantidad de esos años hayan sido de paz, tranquilidad y satisfacción personal.

Para lograr la paz personal es necesario despertar. Hay quienes despiertan a una temprana edad, otras personas, como yo, despertamos varias décadas después de haber nacido. En mi caso, pasé por un poco más de tres décadas luchando conmigo mismo y en contra de mi esencia personal. Para lograr el equilibrio necesité de ayuda profesional y desde hace varios años acudo diligentemente a esas sesiones con mi terapeuta de la mente a quien yo considero como un ángel. He pasado por un proceso sanador que ha traído consigo más paz y tranquilidad a mi vida. Y aunque en la vida siempre habrá problemas de diferente tipo, cuando los problemas se presentan de cuando en cuando en mi vida, ya no peleo en contra de ellos. En cambio, ahora acepto la situación tal cual se presenta y me enfoco en buscar la solución y mantener mi equilibrio emocional y espiritual.

Por eso creo que la paz personal implica aceptación. Al aceptarnos y valorarnos, enviamos señales de que vamos en la ruta de alcanzar la paz personal. Al estar en paz con nosotros mismos, dejamos de depender de la aprobación de los demás. La validación personal no viene de afuera, en cambio, viene de lo más profundo de nosotros. Estar en paz implicar darnos amor e irradiarlo a nuestro entorno. Cuando la paz llega a nuestra vida, acallamos la voz y se debilita la fuerza del verdugo interno que hay en cada uno de nosotros. Al aceptar realizar el viaje de la vida en paz, estamos optando por dejar de ser severos y duros con nosotros mismos. Cuando le abrimos espacio a la paz en nuestra vida, empezamos a comprender que el error es parte de la vida y que en cada uno de ellos hay una enseñanza que nos hará ser mejores seres humanos.

Cuando empezamos a caminar la senda de la paz personal, optamos por evitar controlar a los demás. Ya no nos perturba lo que hagan o dejen de hacer otros. Ya no nos perturba lo que digan o dejen de decir las demás personas. Traer la paz a nuestra vida es un acto de amor, es un acto de búsqueda del equilibrio. Vivir en paz es saldar cuentas con el pasado y soltarlo. Vivir en paz es perdonarnos. Vivir en paz es perdonar de corazón a quien nos hirió. Vivir en paz en abrazar y valorar el presente. Vivir en paz implica no vivir en un futuro que aún no llega.

En la vida siempre habrá momentos de obscuridad o situaciones que pueden causarnos dolor, culpa, vergüenza, enojo, etc. Cuando algo como eso ocurre en nuestra vida, entramos en un momento de desequilibrio y de perturbación. Para recuperar la paz personal es necesario ser compasivos y amorosos con nosotros mismos. Vivir en paz implica no hacernos daño ni hacerles daño a los demás. Busca persistentemente y diligentemente que la mayor parte de tu tiempo y paso por esta tierra sea de paz y tranquilidad. No desperdicies tu tiempo llevando turbulencia y desequilibrio a tu vida o a la de alguien más. ¡Quiérete mucho!

Traer la paz a nuestra vida es una decisión consciente. ¡Despierta! Ponte en paz contigo mismo y con tu entorno… Si has llegado hasta aquí, es porque quieres despertar y traer la paz a tu vida. Dite este mantra todos los días y créelo: YO SOY paz.

A continuación, te dejo algunas frases que espero contribuyan a hacerte más consciente y reflexionar respecto a la importancia de lograr alcanzar la paz personal. Recuerda repetir el mantra: YO SOY paz.

*La seguridad y confianza en ti mismo empieza con estar en paz contigo mismo. Ponte en paz con el pasado y vive feliz hoy.*

∞∞∞∞

*Yo soy el origen y la solución de mis propios problemas. Yo soy el origen y la solución de los problemas de mi vida. ¡Busca y corrige adentro!*

∞∞∞

*El antídoto contra el veneno que pudo haber llegado a tu vida eres tú mismo. ¡Toma el control de tu vida!*

∞∞∞

*No estas vivo para vivir sin vivir, estas vivo para vivir intensa y conscientemente. ¡Vive feliz!*

∞∞∞

*A veces hay que morir viviendo ¿Te parece contradictorio, cierto? Con ello me refiero a dejes que muera y que le hagas un funeral a la versión negativa de tu vida y, en cambio, permite que viva la versión del Ser de Luz que eres. ¡Ilumina tu mundo!*

∞∞∞

*Date la oportunidad de ser humano y cometer errores. Lo importante es aprender de las experiencias y crecer para ser mejor persona, ser más humano.*

∞∞∞

Este es un buen día para sepultar y despedirte de dolores, culpas, tristezas y todo aquello que te hiere en la vida. ¡Suelta tu cruz y date la oportunidad de vivir en Paz!

∞∞∞

Tú eres el reflejo de la gloria del Creador. Vivir en gloria es vivir en paz contigo mismo y con el Universo.

∞∞∞

No te ahogues ni te abrumes por cosas o situaciones que no puedes controlar. Enfócate en llevar bien lo que está bajo tu control. ¡Vive en paz, vive feliz!

∞∞∞

Ciertamente hemos cometido errores en nuestras vidas, pero nuestras vidas NO son un error. ¡Perdónate y no te castigues más por el pasado!

∞∞∞

*Tú no puedes controlar cómo actúan o lo que dicen los demás. Lo que sí puedes controlar es como reaccionas ante eso. ¡Que nada ni nadie te quite la paz!*

∞∞∞

*Vive en paz tus días. Vive en paz en el presente. Descárgate y suelta la pesadez de la negatividad de tu pasado. ¡Perdónate!*

∞∞∞

*Cuando estés desesperado por lo que pasa en tu vida, toma un segundo y toma consciencia de tu respiración y de que estas con vida. Eso es lo más grande: la oportunidad de vivir. Todo lo demás llegará. ¡No te atormentes!*

∞∞∞

*No le agregues estrés a tu vida nadando contra la corriente. En cambio, suéltate y fluye libre como el* agua en los ríos: siempre encuentran su camino y saben llegar al inmenso mar de posibilidades.

∞∞∞∞

Mi paz interior es tan valiosa y no vale la pena perderla por personas o situaciones negativas que llegan a mi vida. ¡Cultiva y conserva tu paz!

∞∞∞∞

No dejes que un momento de obscuridad en tu vida se convierta en obscuridad permanente. ¡Saca tu luz e ilumina al mundo!

∞∞∞∞

Si estas teniendo una opinión negativa de ti mismo, es una señal que necesitas hacer una pausa y dedicar tiempo para sanar cualquier trauma interno para estar en paz.

∞∞∞∞

La clave para estar enfocado y cuerdo… es estar en paz con nosotros mismos y es un proceso permanente.

No vivas la vida siendo tu peor enemigo. Párate un momento, reflexiona y vuélvete tu mejor amigo y aliado.

El proceso de sanación más profundo que puedes observar y sentir es tu propia sanación mental, espiritual, emocional y, sin duda alguna, la física. ¡Mereces la sanación personal!

La vida es tan hermosa y se nos va como agua entre las manos. Así que aprovecha tu tiempo para vivir la vida con positivismo, amor, alegría, entusiasmo. ¡Vive feliz!

*Mi paz y tu paz es tan valiosa como para perderla por cosas, personas o situaciones sin sentido. ¡Cuida tu mundo!*

∞∞∞∞

*El único mundo que puedes controlar es el tuyo, no el de los demás. ¡Enfócate en ti!*

∞∞∞∞

*A la única persona que puedes controlar en esta vida, si te lo propones, eres tú. ¡Mantén el control de tu vida!*

∞∞∞∞

*Cuando estas en paz internamente, ninguna turbulencia que viene de lo externo te puede afectar. ¡Irradia paz!*

∞∞∞∞

*Acepta y ponte en paz con tu pasado. Ya pasó, ya no existe. Suelta tu pasado, perdónate y sé feliz hoy.*

# Felicidad personal

¿Qué es la felicidad personal? Es muy tentador, pero a la vez muy arrogante intentar definir la felicidad personal. Creo que cada ser humano es libre de decidir y elegir qué significa la felicidad y cómo se manifiesta en su vida. ¿Qué tengo que hacer para ser feliz? Hay muchas acciones que podemos implementar para ser felices, pero diría que la primera de ellas es tener la decisión consciente de querer ser felices. Vivir en un estado de felicidad personal requiere de entrenamiento. Cuando el dolor, la tristeza, la desesperanza y muchas otras situaciones negativas han estado presentes en nuestra vida, es difícil siquiera vislumbrar que podemos ser felices.

La infelicidad no es normal y nadie merece ser víctima de ella. Pero a veces vamos por el mundo y por la vida cargando un equipaje tan pesado, lleno de dolor y sufrimiento. Y eso se debe a nuestra necedad de estar atados al pasado. En nuestra desesperación, intentamos buscar llenar los vacíos que hay en nuestra vida y pretendemos llenarlos trayendo a nuestro alrededor personas, cosas o situaciones que nos reconfortan. Pero esa felicidad no es genuina, porque se basa en lo externo. La verdadera felicidad viene de adentro, viene de lo más profundo de nuestro Ser.

Es claro que la felicidad no es un estado permanente en nuestra vida. Siempre habrá momentos oscuros y tormentas que nos pondrán a prueba. Pero cuando la felicidad ha echado raíces dentro de nosotros, cuando ocurren situaciones negativas en la vida ya no respondemos haciéndonos más daño y, en cambio, tomamos la iniciativa y la acción para cambiar y volver a un estado de equilibrio y felicidad. Alcanzamos la maestría en la felicidad y vivimos en un estado de felicidad cuando le ganamos al ego y practicamos el desapego. Vivir en un estado de felicidad es aprender a no anclar nuestra felicidad personal en cosas, personas o situaciones.

Cuando vivimos en un estado de felicidad nos entregamos a la vida con la firme convicción de Ser nosotros mismos y cumplir con la misión que el Universo nos ha encomendado en este planeta. La felicidad personal implica aceptación personal. No se puede ser feliz en la vida si no nos aceptamos tal cual somos. Vivir en un estado de felicidad implica estar conectados con el Aquí y Ahora. Abrazar la felicidad implica soltar el pasado y no permitir que el futuro nos inyecte ansiedad o desesperación.

Vivir en un estado de felicidad es algo que alcanzamos de forma consciente. ¡Despierta! Ponte en acción, ordena tu vida y date la oportunidad de ser feliz. La única persona que tiene la claridad de qué significa la felicidad en tu vida eres tú mismo, nadie más… Si has llegado hasta aquí, es porque quieres despertar y vivir en un estado de felicidad. Dite este mantra todos los días y créelo: YO SOY felicidad.

A continuación, te dejo algunas frases que espero contribuyan a hacerte más consciente y reflexionar respecto a la felicidad. Recuerda, la única persona que tiene la claridad de qué significa la felicidad en tu vida eres tú mismo, nadie más. No olvides repetir el mantra: YO SOY felicidad.

*La felicidad no es una cosa que se alcanza o se compra externamente. La felicidad viene de adentro. Vivir en felicidad en una decisión interna y personal.*

*Así como te preparas para disfrutar de los veranos y las primaveras, aprende y prepárate para afrontar las tormentas de los inviernos de la vida.*

∞∞∞∞

*Has escuchado esta expresión: "no soy feliz porque así lo quiso Dios" … No le eches la culpa al Creador, el único responsable de tu felicidad o infelicidad eres tú. Hazte responsable de tu vida, de tu felicidad.*

∞∞∞∞

*Hay quienes se pasan la vida buscando la felicidad, sin darse cuenta que la felicidad está con ellos mismos. ¡La felicidad viene de adentro!*

*Se necesita coraje para mantener la esperanza y la alegría de vivir.*

∞∞∞∞

*Muchas personas invierten tiempo y recursos tratando de agradar y hacer felices a otros… y se olvidan de la felicidad de la persona más importante en su vida: ellos mismos. Primero, sé feliz contigo mismo; luego, expande esa felicidad a tu alrededor.*

∞∞∞∞

*El dinero es importante y todos merecemos tenerlo en abundancia; sin embargo, no esperes a tener un millón de dólares en tus manos para ser feliz. La felicidad ya está dentro de ti.*

∞∞∞∞

*Disfruta de la vida, disfruta de tu vida hoy. No esperes disfrutar la vida hasta tener cierta cantidad de dinero en tu cuenta de banco o hasta tener la casa de tus sueños o la pareja perfecta. Disfrutar y celebrar la vida es esencial para hacer que las otras cosas fluyan y lleguen a tu vida. ¡Ánimo!*

∞∞∞∞

*Vive con la expectativa de vivir intensamente. ¡Vive con la expectativa de ser tú!*

∞∞∞

Mi felicidad y tu felicidad es tan valiosa como para perderla por cosas, personas o situaciones sin sentido. ¡Cuida tu mundo!

∞∞∞

La felicidad no se alcanza por suerte o casualidad. Ser feliz es una decisión y eso empieza en tu mente.

∞∞∞

La felicidad no es inalcanzable. Empieza a practicar a ser feliz ahora. Posponer la decisión de ser feliz es solo un reflejo de lo poco que te quieres. ¡Cambia el chip, la felicidad empieza adentro!

∞∞∞

Nuestro principal viaje y deber en esta vida es ser felices. Ser feliz es una decisión. Que nada ni nadie te aparte del viaje por la felicidad. ¡Disfrútalo!

# Propósito personal

¿Quién soy? ¿Para qué vine a este mundo? ¿Cuál es mi propósito personal en la vida? Estas son algunas de las preguntas existenciales que los seres humanos nos hacemos en algún momento de la vida. Hay quienes encuentran las respuestas a estas preguntas a una edad temprana y qué bien por ellos. Sin embargo, hay otras personas, como yo, que empezamos a buscar las respuestas y las hallamos cuando ya pasaron, al menos, tres décadas de nuestra vida. El propósito personal no se busca afuera. El propósito personal no se busca en el exterior de nuestras vidas. En cambio, el propósito personal lo encontramos cuando escudriñamos todos los rincones de nuestro interior. A veces, esa búsqueda implica realizar viajes al pasado. Sí, viajes al pasado como revisitar tu niñez, adolescencia y juventud, y así entender quién eres y lo que puedes ser en la vida adulta.

En la vida pueden sucedernos situaciones maravillosas, pero también situaciones desastrosas que nos marcan. Esas situaciones inciden en la manera como nos percibimos y nos presentamos ante el mundo y ante nosotros mismos y también impactan en nuestra capacidad de Ser. Cuando no sabemos cuál es nuestro propósito de vida, el que maneja nuestra vida es el piloto automático; cuando eso ocurre vivimos sin realmente vivir la vida que merecemos. Cuando no sabemos cuál es nuestro propósito de vida buscamos llenar nuestra existencia con un trabajo, una familia, una pareja, un negocio, etc. Pero a pesar de todo aquello, es posible que nos sintamos vacíos.

Somos nosotros mismos los responsables de buscar y encontrar la misión de vida que tenemos. La misión será diferente para cada uno, porque todos somos diferentes. Esa es la belleza de la humanidad. Pero aún y cuando la misión y el propósito de vida puede ser diferente para cada uno, creo que hay un fin que es común para todos: ser felices. Cualquiera sea el camino que recorras para cumplir tu propósito de vida, existe un punto en donde los propósitos de vida de todos los seres humanos se deberían de encontrar: la felicidad.

Mi búsqueda por encontrarme conmigo mismo y mi propósito de vida tomó varios años. En el proceso, tuve la bendición de contar con el acompañamiento terapéutico de un ser de luz que me guio y me animó a buscar en la profundidad de mi ser y encontrar mi esencia. Además del apoyo terapéutico, mi búsqueda se fortaleció asistiendo a retiros espirituales que me ayudaron mucho para reflexionar sobre mi vida. No se trata de practicar una religión, sino de vivir nuestra espiritualidad. Fue en uno de esos retiros en los que se pidió a los asistentes que redactáramos un manifiesto que describiera el propósito de nuestra vida. Redacté el manifiesto de vida en aquella oportunidad y cuando lo leo y releo, vuelvo a agradecer al Universo por permitir que finalmente viera la luz. Si sientes que tu vida está vacía y que te falta el aliento para seguir adelante, te ánimo de corazón a que busques apoyo y hagas el esfuerzo de encontrarte contigo mismo. Yo ya he estado en esa situación y te puedo asegurar lo valioso y sanador que es darnos la oportunidad de encontrarnos y descubrir nuestra esencia y sintonizarnos con nuestra misión y propósito de vida. Date la oportunidad de ser feliz, date la oportunidad de Ser tú.

Encontrar y vivir nuestro propósito de vida es una decisión consciente. ¡Despierta! Ponte en acción y escudriña tu pasado y tu presente para encontrar aquello que debe ser tu propósito de vida… Si has llegado hasta aquí, es porque quieres despertar y encontrar cuál es tu misión de vida. Dite este mantra todos los días y créelo: YO SOY mi camino, YO SOY mi verdad, YO SOY mi vida, YO SOY uno con el Universo.

A continuación, te dejo algunas frases que espero contribuyan a hacerte más consciente y reflexionar respecto a la importancia de buscar y encontrar nuestro propósito de vida. Recuerda repetir el mantra: YO SOY mi camino, YO SOY mi verdad, YO SOY mi vida, YO SOY uno con el Universo.

*¿Sabes qué quieres de y en la vida? Si tu respuesta es ambigua o no la tienes aún, aparta tiempo para encontrarte contigo mismo y aclarar eso que tanto quieres para tu vida.*

∞∞∞

*Empieza por tomar las decisiones pequeñas, para luego tomar las grandes decisiones que transformarán tu vida. No comas ansias, ve paso a paso en tu carrera de vida.*

*El principal trabajo en tu vida es trabajar en ti y lograr ser la mejor versión de ti mismo. Todo lo demás lo lograrás más fácilmente, si antes has trabajado en ti.*

∞∞∞∞

*Esto no te lo enseñan en la escuela: ser un buen comunicador. Toma un curso, contrata un coach, haz lo que sea necesario para ser un mejor comunicador. Tus ideas pueden impactar más si las comunicas mejor.*

∞∞∞∞

*Si estás con vida es porque hay un propósito para ti. Deja la pereza y descúbrelo.*

∞∞∞∞

*El talento y la educación son importantes. Pero dedica tiempo a cultivar relaciones que te ayudarán a alcanzar tus metas. El Creador te dará esas relaciones divinas que te ayudarán a cumplir tu propósito de vida. ¡Busca y cultiva esas relaciones!*

∞∞∞

Cuando estas en la senda de alcanzar tu propósito de vida, dejas de traicionarte y lastimarte. Cuando estas en la senda de alcanzar tu propósito empiezas a ser leal, íntegro y consistente contigo mismo y los que te aman. ¡Quiérete mucho!

∞∞∞

¿Qué son el error y el fracaso? Son solo señales de que tomamos la ruta equivocada y que es momento de voltear la mirada a tu mapa o brújula de vida, para luego ir en la dirección correcta hacia tu propósito personal. ¡Ánimo!

∞∞∞

No es suficiente con tener un plan de vida, hay que ser disciplinado y ejecutarlo. ¡No pierdas el tiempo!

∞∞∞

No uses tu tiempo y energía para vivir en el dolor.
Todos merecemos ser felices. Usa tu tiempo y energía
para disfrutar el viaje de la vida.

∞∞∞

Descubrir tu propósito de vida no es algo que se logra
observando lo externo. En cambio, descubrir tu
propósito de vida, es algo que se logra observando tu
interior. Toma tiempo para estudiarte, entenderte,
identificar tus talentos y, luego, ten el deseo y las
agallas para empezar a brillar.

∞∞∞

Que tus próximos 20 años de vida tengan propósito y
sean mucho mejores que los 20 años anteriores. ¡La
decisión es solo tuya!

∞∞∞

Si estás en esta vida es porque el Universo tiene un
propósito para ti… Encuentra ese propósito y vívelo.

*A veces, seguir tu camino y vivir tu propósito de vida requiere de tomar decisiones difíciles. No pospongas esas decisiones por temor al qué dirán los demás. ¡Vive feliz!*

∞∞∞

*La vida es un viaje. Pueden ocurrir accidentes en el camino, a lo mejor te pierdes un poco en la ruta, pero lo importante es no olvidar cuál es tu destino y propósito de llegada.*

∞∞∞

*¿Te has preguntado cómo puedes servir e impactar positivamente en la vida de otros el resto de tu vida?*

# Espiritualidad

Llevar una vida en equilibrio implica, también, cuidar de nuestra parte espiritual. Cuidar del espíritu es atrevernos a estar más cerca de Dios, el Creador, el Universo, el Ser Superior, la Divinidad o esa fuerza sublime que sabemos que existe, que está ahí y que conoce el principio y fin de la existencia. Cultivar la espiritualidad personal es aceptar ser un instrumento del Ser Supremo y ser un medio para llevar bondad, amor, paz y consolación a quien lo necesite. Y esa bondad, amor, paz y consolación debe llegar primero hacia nosotros mismos.

Cuando aceptamos el reto de cultivar la espiritualidad personal empezamos a llevar luz a nuestra vida. No se trata de ser religioso, aunque es importante reconocer la gran labor que realizan las iglesias y líderes espirituales orientando a las personas para tener un encuentro con la Divinidad. Mi deseo por aprender sobre la espiritualidad me ha conducido, en diferentes momentos de mi vida, a explorar y conocer el mundo católico, evangélico, mormón y, en años más recientes, la espiritualidad ancestral de la cultura maya. Incluso tomé algunos talleres y sesiones para conocer un poco más sobre el budismo. En mi opinión, todas estas expresiones de espiritualidad tienen formas muy hermosas de ver la vida y de explicar la existencia y, creo yo, todas se preocupan de cuidar el espíritu y el alma.

En la vida nos pueden ocurrir situaciones difíciles que no solo nos dañan a nivel físico y emocional sino también espiritualmente. Por ejemplo, recuerdo una ocasión en la que unas personas tuvieron un accidente en un carro en la ciudad capital de mi país. Aquellas personas eran creyentes y practicantes de la espiritualidad maya y el guía espiritual que les apoyaba les mencionó la importancia de realizar una ceremonia especial en el lugar del accidente, como un ritual para recuperar el espíritu. Ellos realizaron la ceremonia especial e indicaron haber mejorado emocionalmente y espiritualmente. Esto es solo un ejemplo de que como seres humanos necesitamos ir al encuentro de nuestro espíritu. Cuando nuestro espíritu está en decadencia se apagan las ganas de vivir y se apaga la alegría de estar en este mundo. Por eso es tan importante cuidar de nuestra parte espiritual.

A veces pueden ser personas o cosas las que nos roban el espíritu. Por ello hay que despertar y cuidar de nuestra alma, del espíritu que reside en nosotros. Dite esto de cuando en cuando: Oh Divinidad yo confío en que estás y estarás cerca de mí. Oh Divinidad deseo profundamente cumplir con el plan que has trazado para mí. Oh Divinidad no permitas que el mal espíritu me desvié de mi camino y propósito de vida. Oh Divinidad siembra en mí los pensamientos, emociones, comportamientos y liderazgo de los grandes maestros espirituales que ha tenido la humanidad.

Encontrar, aceptar y vivir plenamente nuestra parte espiritual es una decisión. ¡Despierta! Si has llegado hasta aquí, es porque quieres despertar y equilibrar tu parte espiritual. Dite este mantra y créelo:

> YO SOY hijo de la Divinidad y merezco amor.
> YO SOY hijo de la Divinidad y merezco ser feliz.
> YO SOY hijo de la Divinidad y merezco la abundancia.
> YO SOY hijo de la Divinidad y merezco la paz.
> YO SOY hijo de la Divinidad y merezco vivir en equilibrio física, mental y espiritualmente.

A continuación, te dejo algunas frases que espero contribuyan a hacerte más consciente y reflexionar respecto a la importancia de buscar y encontrar un equilibrio de tu parte espiritual.

*Ser espiritual no tiene costo, es gratis y lo puedes practicar en cualquier espacio y momento. Solo requiere de estar conscientes y de abrir nuestra vida a las maravillas del Universo.*

*Firma un contrato espiritual contigo mismo y con el Universo. Revisa cada cláusula espiritual y cúmplela en paz.*

*Nadie tiene derecho a invadir y pretender quebrar tu esencia. Mantente conectado con el Creador y consérvate como el Ser de luz que eres.*

*Alimenta tu alma y tu espíritu, dales alimento y vitaminas de amor, de felicidad y de alegría.*

∞∞∞

*No todos merecen conocer tu historia personal. Comparte tu historia con seres de Luz que te harán crecer y ser mejor persona. ¡Cuida tu entorno!*

∞∞∞

*Tu eres el Universo, el Universo es armonía. Ponte en armonía contigo mismo.*

∞∞∞

*¿Cuán dispuesto estás para soltarte y abrazar la grandeza del Universo? Empieza por abrazarte y siente la grandeza del Universo en ti.*

∞∞∞

*Universo, danos todo aquello que necesitamos para hacernos conscientes de nosotros mismos y salir de la* oscuridad. Danos luz y paz en los caminos de este viaje llamado vida.

∞∞∞

¡Universo gracias por este día! Gracias por la oportunidad de vivir hoy y por todo lo que me diste.

∞∞∞

La espiritualidad, al final del día, no es algo invisible o abstracto. Es estar conectados, con nosotros mismos, en armonía y conexión con los demás y el Universo.

∞∞∞

La espiritualidad es estar llenos de amor incondicional para con nosotros mismos y hacia aquellos con quienes te relacionas. ¡Irradia amor!

∞∞∞

La espiritualidad es una conexión con la paz, el amor y armonía contigo mismo. Es estar en posición de dar paz, amor y armonía a las almas a tu alrededor.

∞∞∞

*Todos tenemos un mensaje de paz y amor dentro de nosotros. ¡Deja salir ese mensaje!*

∞∞∞

*Abre tu mundo y dale al Universo la posibilidad de acercarte a personas y tejer conexiones divinas que te ayudarán a alcanzar tus metas de vida.*

∞∞∞

*Suéltate y déjate sorprender por el Creador, dile sí a todas sus bendiciones y maravillas en tu vida.*

∞∞∞

*¿Quién eres? La respuesta correcta no la tiene nadie allá afuera. La respuesta correcta a esa pregunta solo la tienes tú.*

∞∞∞

*Tu deseo y obsesión de ser aceptado y aprobado por los demás puede apagar la luz de tu alma, de tu espíritu y de tu esencia. ¡No lo permitas! Acéptate y apruébate tú mismo, ahí empieza todo.*

∞∞∞∞

*Yo soy la prueba que refleja que el Universo y el Creador me aman. ¡Eres una maravilla, una criatura de luz y esperanza! ¡Ámate mucho!*

∞∞∞∞

*A veces te pasas la vida esperando o pidiendo regalos al Universo. ¡Despierta, tú eres el regalo! ¡Disfruta del maravilloso regalo de vivir y ser tú!*

∞∞∞∞

*Hay personas a tu alrededor que necesitan de tu ejemplo. Recuerda que eres un maestro para toda aquella persona que conoces y se atraviesa en tu vida y viceversa.*

∞∞∞∞

*Abre tu vida y tu corazón a lo inesperado. El Universo tiene grandes sorpresas guardadas para ti.*

∞∞∞∞

*Tu vida y situación actual es solo reflejo de tu capacidad (o incapacidad) de dejar que la gracia y la bendición del Universo lleguen a ti. El Universo tiene grandes sorpresas para ti, solo mantente dispuesto y abierto a recibirlas en tu vida.*

∞∞∞∞

*La intimidad más importante en tu vida es la intimidad contigo mismo. ¡Conecta con tu esencia!*

∞∞∞∞

*Admira y aprecia la naturaleza. Busca tiempo para estar cerca de la majestuosidad del Universo y la Madre Tierra.*

∞∞∞

*Otras personas y seres de luz pueden ayudarte a reencauzar el rumbo de tu vida; sin embargo, el principal rescatista y guía de tu vida eres tú y empieza con la decisión de ser la mejor versión de ti mismo.*

∞∞∞

*Empiezas a tener mejores días, cuando empiezas a vivir consciente y estás en control para hacer avanzar tus prioridades de vida. Así, dejas de perder el tiempo en ver lo que otros hacen y, en cambio, te enfocas en crecer como ser humano.*

∞∞∞

*Sanarte emocional y espiritualmente es allanar el camino para la sanación de tu clan. Sana tú, y ayuda a sanar a tu tribu.*

∞∞∞

*Despierta y toma consciencia de cuál es ese lugar en el que vibras alto y te recargas de energía positiva. Para* algunos ese lugar puede ser la playa, un bosque, un río, la casa, etc. Cualquiera que sea ese lugar, identifícalo y date un paseo energizante por allí periódicamente.

∞∞∞∞

Cada día es una oportunidad para conectarme conmigo, contigo, con todos, con el Universo. ¡Todos somos aquí!

∞∞∞∞

Tu luz y sentido de esperanza puede encender la luz y el sentido de esperanza de otros a tu alrededor. ¡Brilla e irradia tu energía!

∞∞∞∞

Abrir los ojos y despertar cada mañana es el milagro y la señal más hermosa de que tienes un propósito de vida y de que eres una criatura querida y especial para el Universo.

El Creador, el Universo, esa fuerza suprema siempre
está contigo. Pueda que no lo notes, pero esa fuerza
está ahí. ¡Créelo!

∞∞∞∞

Personas hermosas, seres de luz y conexiones divinas
seguirán llegando a mi vida y a mi mundo. ¡Me doy el
permiso de fluir, como un río que luego conecta con un
inmenso mar lleno de riqueza y abundancia!

∞∞∞∞

Universo, gracias por permitirme ver toda la luz, la
abundancia, el amor y la alegría que tienes para mí.
¡Gracias, gracias, gracias!

∞∞∞∞

Yo soy mi camino, Yo soy mi verdad, Yo soy mi vida.
¡Gracias Universo!

∞∞∞∞

Tú no puedes hacer conexión con los demás si antes no te has conectado contigo mismo. ¡Conecta con tu esencia!

∞∞∞∞

¿Quieres ver un milagro en tu vida? Ve, ponte frente a un espejo y agradece al Universo el milagro de ser tú.

∞∞∞∞

Se siente bien bailar contigo la canción del amor, con el ritmo y la armonía de esa melodía que nos llega hasta el alma. ¡Gracias Universo, el amor empieza adentro!

∞∞∞∞

¿En dónde están las pistas y la ruta para el amor, la paz, la felicidad y la armonía de tu vida?: están dentro de ti, han estado contigo desde siempre. La pista y la ruta eres tú.

*Tú eres tu camino, tú eres tu verdad, tú eres tu vida. No es egoísmo. ¡Ámate mucho, eres un ser de Luz! Brilla e ilumina al mundo.*

∞∞∞∞∞

*Aprecia y valora tus sentidos. Da gracias por poder oler el aroma de una flor, sentir tu piel, ver lo maravilloso que es el mundo, degustar tu comida favorita o escuchar la voz de quien amas. ¡Se agradecido con el Universo!*

∞∞∞∞∞

*Recuerda un momento feliz de tu niñez y vuelve a sentir esa felicidad este día. ¡Abraza al niño que hay en ti!*

∞∞∞∞∞

*¿Tu casa no es un basurero, cierto? Tu templo, tu cuerpo tampoco lo es. Cuida lo que comes y lo que llevas a tu templo.*

∞∞∞∞∞

*Mándale buenas vibras y tus mejores deseos a todos a tu alrededor, es gratis y el Universo te recompensará.*

∞∞∞

*¿Amaneciste sano y lleno de energía este día? Da gracias al Universo y disfruta de la alegría de vivir.*

## Sobre el autor:

**Bequer Chocooj** (Guatemala, 1980). Es sociólogo, abogado y notario. Tiene una Maestría en Política y Comunicación y es candidato a Doctor en Derecho y Doctor en Seguridad Estratégica. Ha incursionado en el mundo de la cocina y es, también, Panadero y Pastelero. La llamada para la sanación personal y el reencuentro consigo mismo han sido el detonante para la publicación de *Frases con alma de niño*. El autor es un fiel creyente de que resucitar y renacer de nuestras propias tinieblas y cenizas es posible si antes empezamos a sanar internamente.

www.ingramcontent.com/pod-product-compliance
Lightning Source LLC
Chambersburg PA
CBHW020339160726
47992CB00004B/1885